智能化融媒体新形态教材

市场调查与数据分析

主　编　殷　红　张　莉
副主编　张　杨　段　瑶　张启玲　封岚
参　编　邓瑞瑞　徐菁澜

合肥工業大學出版社
HEFEI UNIVERSITY OF TECHNOLOGY PRESS

图书在版编目（CIP）数据

市场调查与数据分析 / 殷红，张莉主编. — 合肥：合肥工业大学出版社，2023.12

ISBN 978-7-5650-6546-0

Ⅰ. ①市… Ⅱ. ①殷… ②张… Ⅲ. ①市场调查—教材②市场需求分析—教材 Ⅳ. ①F713.52

中国国家版本馆CIP数据核字(2024)第005145号

市场调查与数据分析

主编 殷 红 张 莉

责任编辑 王钱超
出版发行 合肥工业大学出版社
地　　址 合肥市屯溪路193号
网　　址 www.hfutpress.com.cn
电　　话 人文图书出版中心：0551-62903205
　　　　 营销与储运管理中心：0551-62903198
规　　格 787毫米 × 1092毫米 1/16
印　　张 11
字　　数 247千字
版　　次 2023年12月第1版
印　　次 2023年12月第1次印刷
印　　刷 三河市海新印务有限公司
书　　号 978-7-5650-6546-0
定　　价 39.80元

前言 Prface

根据《教育部关于全面提高高等职业教育教学质量的若干意见》文件精神，高等职业院校要积极推行与生产劳动和社会实践相结合的学习模式，把工学结合作为高等职业教育人才培养模式改革的重要切入点，带动专业调整与建设，引导课程设置、教学内容和教学方法改革。

本书力求体现高等职业教育教学及人才培养模式改革的发展方向，以市场调查工作过程为导向，遵循高等职业教育教学规律和技能人才成长规律，强化学生立足岗位、对接市场的职业素养，通过德技并修、育训结合来达到育人目的。

本书全面系统地介绍了在现代市场营销活动中，市场调查人员应具备的基本素养、职业能力，以及有关市场调查工作的具体操作内容和要求。全书具体分为市场调查概述、市场调查方案设计、市场调查方式和方法、市场调查问卷设计、组织实施市场调查、市场调查资料的整理和分析以及撰写市场调查报告七个项目。

本书配有大量有关课程建设的视频、微课等优质数字资源，它们以二维码形式嵌入纸质教材，更便于师生之间的沟通和互动，满足随时随地学习的需求，从而能有效提高学生学习的自主性、积极性。同时，本书在内容的设计上，有利于教师开展整个课程教学活动，包括课前、课中、课后三个环节的混合式教学，可以充分发挥教师引导、监督和管理的现代课堂职能，推动课程教学与职业标准、岗位素质、工作规范的全面对接。

本书是四川商务职业学院提质培优行动计划的建设成果之一，主要由四川商务职业学院市场营销专业教师团队编写完成。其中，四川商务职业学院副教授殷红、教授张莉任主编，中教畅享（北京）科技有限公司副总经理张杨，四川商务职业学院副教授张启玲、封岚和讲师段瑶任副主编，四川商务职业学院讲师邓瑞瑞、徐菁澜参与编写。具体编写分工如下：殷红负责教材整体策划、提出教材框架体系并编写项目二；张莉负责确定教材编写方案、组织协调教材编写进度并编写项目六；段瑶负责统稿、教材配套资源建设并编写项目三；张启玲负责教材配套资源建设并编写项目一；封岚负责配合教材框架体系搭建并编写项目四；邓瑞瑞负责编写项目五；徐菁澜负责编写项目七；张杨负责提供案例素材并进行社会实践方面的指导和建议。

由于编者水平有限，书中难免有不妥之处，敬请广大读者及同行专家不吝赐教。

编　者

目录 Contents

项目一　市场调查概述 …… 1

任务一　市场调查的含义、特点和原则 …… 3

任务二　市场调查的类型与要求 …… 7

任务三　市场调查的内容与程序 …… 11

任务四　市场调查的发展历程 …… 19

项目二　市场调查方案设计 …… 25

任务一　市场调查方案设计的内涵 …… 27

任务二　设计市场调查方案 …… 31

任务三　评价市场调查方案 …… 41

项目三　市场调查方式和方法 …… 46

任务一　市场调查方式——抽样调查 …… 48

任务二　市场调查方法——文案调查法 …… 59

任务三　市场调查方法——实地调查法 …… 65

项目四　市场调查问卷设计 …… 77

任务一　市场调查问卷的含义与作用 …… 78

任务二　设计市场调查问卷 …… 83

任务三　市场调查问卷主体设计技巧 …… 91

任务四　评估市场调查问卷 …… 96

项目五 组织实施市场调查 …… 102
任务一 市场调查机构 …… 105
任务二 市场调查的人员组织和管理 …… 110
项目六 市场调查资料的整理和分析 …… 115
任务一 市场调查资料的整理 …… 116
任务二 市场调查资料的编码与录入 …… 121
任务三 市场调查资料的分析 …… 137
项目七 撰写市场调查报告 …… 146
任务一 市场调查报告概述 …… 148
任务二 市场调查报告的格式与内容 …… 152
任务三 市场调查报告的撰写形式与技巧 …… 160
参考文献 …… 169

项目一　市场调查概述

市场调查概述
资源库

项目概述

市场调查的地位伴随着商品经济快速发展而日益重要。企业要想在激烈的市场竞争中获得竞争优势和保持持续性发展，必须依靠市场调查才能实现。市场调查作为系统地搜集市场信息的有效工具，本身也具有独特的含义、作用，在运行过程中必须遵循必要的原则。只有了解市场调查的发展史，掌握市场调查的类型和科学的程序，才能更加有效地发挥市场调查的作用。

学习目标

知识目标

1.掌握市场调查的含义、特点和原则。

2.了解市场调查的类型和要求。

3.掌握市场调查的内容和程序。

4.了解市场调查的发展历程，理解市场调查的重要性。

能力目标

1.根据市场调查的概念讲解，了解在企业中哪些部门或岗位会涉及市场调查工作。

2.通过案例讲解，开展讨论，深化理论学习，正确辨析市场调查工作对企业开展营销工作的重要性。

思政目标

1.正确认识中国特色社会主义市场经济，培养积极探索、勇于实践的远大理想和情怀。

2.树立社会主义核心价值观，发挥其在市场调查工作中的指导作用。

3.树立正确的“市场人”心态，坚持正确的职业道德方向。

思政小故事

中国历史上的调查研究

关于调查研究的记载，最早可以追溯到原始社会末期。据《史记·五帝本纪》记载，尧、舜、禹都曾深入民间考察民情或自然环境。例如，有一天，尧到华地视察，有一个名叫“封”的地方小官对尧说：“愿圣人多男儿、多富、多寿。”尧答道：“不敢，不敢。多男儿就要多替他们操心；多富就要多出许多麻烦事情；多寿就会遇到很多不如意的耻辱，还是免了吧。”封又说：“给每个男儿一份工作，有什么操心呢？把财富分掉让大家都富足，有什么麻烦呢？天下安乐就和人民一起安乐，天下不安就努力修德，有什么耻辱呢？”封的这一番进言，对尧的执政理念产生了很大影响。《史记》等古代典籍还记载了大禹为了治水而亲临各地进行现场勘察并广泛征求民众意见。由于尧、舜、禹经常深入民间调查研究，虚心听取老百姓的意见，因此做出了很多比较符合实际的决策。

尽管古代并没有形成“调查研究”的明确概念，但一些有作为的政治家深知，为了巩固政权就必须了解民情，想要了解民情就要深入民间进行调查，这些做法属于典型的调查研究。如相传为春秋时期管仲所作的《管子·问》就是专讲调查研究的。它开篇提出“凡立朝廷，问有本纪”，接着一口气提出了60多个要进行调查的问题，涉及经济、政治等社会生活的各个方面，被称为是“世上所罕见的最古老、最全面的社会调查提纲”。

（资料来源：编者根据相关资料整理）

项目导入

小张大学毕业，应聘到一家实力雄厚的市场调查公司。在入职培训时期，小张阅读了大量的市场调查相关书籍，理解了市场调查的相关理论知识，掌握了市场调查的内容和流程。同时，公司鼓励小张等新入职员工联系实际，走访企业，观摩企业的市场调查项目，讨论项目的得失。基于此培训内容，公司要求小张完成以下任务：

1. 学习查阅资料，分析市场调查经典案例，写出案例分析报告。

2. 学习运用科技工具查阅、收集、整理资料，能够将成果有效地呈现出来。

3. 学习团队合作，深入市场，走访企业，对话管理者，做好纪要，深入理解市场调查对企业的重要性。

任务一　市场调查的含义、特点和原则

任务描述

市场调查是运用科学的方法，有目的、系统化地搜集、记录、整理有关市场营销的信息和资料，分析市场情况，了解市场的现状及其发展趋势，为市场预测和营销决策提供客观的、正确的资料。市场调查具有五大特点：系统性、目的性、社会性、科学性和不稳定性。企业在开展市场调查工作时需要坚持以下原则：客观性原则、准确性原则、时效性原则、全面性原则、经济性原则和科学性原则。

理论准备

一、市场调查的含义与特点

市场调查是企业经营的先导，是生产的前提。企业只有了解市场状况，了解营销环境，了解和营销环境相关的因素，才能做到有的放矢、游刃有余，从而获得商业先机，在激烈的市场竞争中使自己的产品独占鳌头、站稳脚跟。因此，企业必须进行市场调查，市场调查对于企业来说已经成为一把利器。下面介绍市场调查的含义与特点。

认识市场调查

（一）市场调查的含义

狭义的市场调查是指以科学的方法和手段调查并收集消费者购买产品的情况，包括对产品的满意度、消费动机等购买活动的调查。

随着生活水平的提高，人们的消费心理也在变化，企业产品不仅要满足消费者的量感，而且更要满足消费者的质感。只有信息掌握得迅速、准确、可靠，产品更新换代快，生产计划安排得当，适销对路，企业才能在竞争中取胜。因此，企业有必要投入人力物力进行专门的市场调查。市场调查的主要任务就是针对企业目标市场的消费者的产品购买动机、购买行为、满意度、态度与认知等方面的市场信息进行收集、整理和分析，以便使企业能够更好地满足消费者的需求，获得市场营销的成功。

广义的市场调查不仅包括对消费者进行调查研究，还包括对企业的营销环境和全部营销活动情况进行调查研究。

综上所述，市场调查即运用科学的方法，有目的、系统化地收集、记录、整理有关市场营销的信息和资料，分析市场情况，了解市场的现状及其发展趋势，为市场预测和营销决策提供客观的、正确的资料，从而达到进入市场、占有市场并获得预期效果的活动。因此，市场调查通常也被称为“市场研究”“营销研究”或“市场调研”。

（二）市场调查的特点

市场调查作为企业开展市场营销活动的基础，具有如下主要特点，如图 1-1 所示。

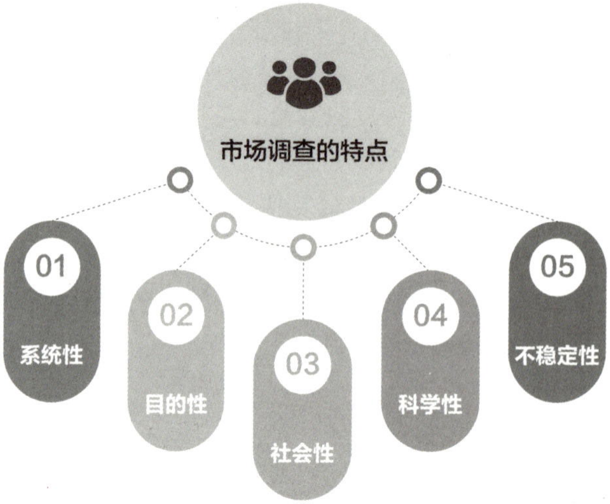

图 1-1　市场调查的特点

1.系统性

首先，市场调查活动包括编制调查方案、设计调查问卷、抽取调查样本、访问、收集资料、整理资料、分析资料和撰写分析报告等环节，涉及人、财、物等要素，各环节与要素之间构成了一个有机系统；其次，影响市场调查的因素也是一个相互制约、相互依存的系统，诸多因素互联构成了一个整体。因此，进行市场调查时，要用系统的思维来设计调查方案，要用全面、联系的观点来确定调查对象，分析调查结果。

2.目的性

市场调查是一种有目的、有意识地认识市场的活动。任何一项市场调查都不能盲目进行，而要围绕企业经营活动中存在的问题展开，有明确的目的性，如此才能提高市场预测和决策的科学性。因此，市场调查前要明确调查目的，市场调查中要围绕调查目的，调查结果要能体现并实现调查目的。

3.社会性

市场调查的主体与对象具有社会性。其中，主体是指具有丰富知识的专业人员，对象是指具有丰富内涵的社会人员。

4.科学性

市场调查是企业为达到营销目的而进行的活动。为了获得准确反映市场情况的、企业所需要的资料和信息，减少费用开支，企业只有采用科学的方法和技术手段，才能保证调查的真实性；只有调查结果正确、可靠，才能得到科学的分析结论。

5.不稳定性

市场是开放的、动态的，时间的推移、经济的发展、国家政策的调整，都会使市场发生相应的变化，而且被调查的事物丰富多彩，被调查的人形形色色，所以市场调查受多种因素的影响。其中，很多影响因素本身就具有不确定性，导致所得出的结果与实际往往相差很大。因此，市场调查的不稳定性决定了调查处在一个动态的、持续的状态。

二、市场调查的原则

市场调查的目的是为企业的经营管理决策提供信息支持。为了提高效率和信息的质量，市场调查应遵循以下原则，如图 1-2 所示。

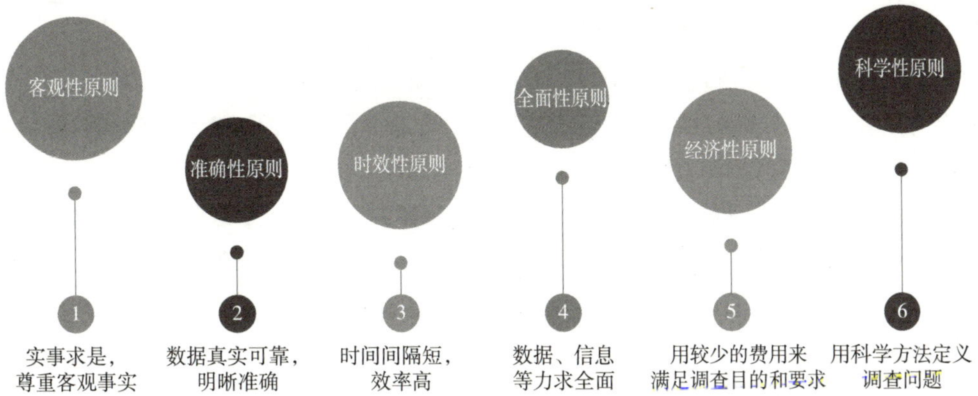

图 1-2　市场调查的原则

（一）客观性原则

市场调查应遵循“寻求事物的本来状态，说出事物的本来面目”，即市场调查必须实事求是，尊重客观事实。同时，调查人员和调查机构也应遵守职业道德。

（二）准确性原则

市场调查的准确性原则要求获取真实的、准确的信息，调查误差应尽可能小，调查数据真实可靠，调查结果的描述必须明晰准确，不能含糊不清、模棱两可。

（三）时效性原则

市场调查的时效性原则要求市场调查的信息搜集、发送、接收、加工、传递和利用的时间间隔要短，效率要高。只有这样才能提高市场调查资料的价值。

（四）全面性原则

市场调查的全面性原则要求调查项目力求齐全，包括总括性数据与结构性数据齐全、内部信息与外部信息齐全、主体信息与相关信息齐全、横向信息与纵向信息齐全等方面，以便进行系统的分析和利用。

（五）经济性原则

市场调查的经济性原则要求选择恰当的调查方法，争取用较少的费用获取更多的调查资料，同时又能满足调查目的和要求。

（六）科学性原则

市场调查的科学性原则要求采用科学的方法定义调查问题，界定调查内容与项目，设计调查方案，采集、处理和分析数据，为决策部门提供正确的信息。

任务实施

小张作为一名职场新人，接到的第一份工作任务是其主管领导王总给他布置的一份“家庭作业”，要求完成一份案例分析。具体内容如下。

A集团是我国一家知名服装企业。有一段时间，国内服装市场“打折风”一发难收，打折成为品牌竞争的常规武器。在如此重压下，一些品牌采取了虚标价格的做法。当时，A集团进行了细致的市场调查，明确了A集团具有以下三点优势。

（1）A集团对特定消费群体的锁定作用。中国服装市场庞大，A集团锁定的消费群体是愿意为品牌付出相应价格以体现个人品位的群体，而不是通过降价占领整个市场。

（2）A集团具有保值作用。在A集团的消费顾客构成中，礼品消费约占10%，这类顾客看重的是品牌价值；婚嫁市场占20%，这类顾客看重的是富有民族喜庆色彩的品牌名称；老顾客约占20%，打折将会损害老顾客的利益。

（3）A集团能保证产品的高品质。高品质需要高投入，A集团已投资1.5亿元进行技术改造，目前综合装备水平进入了全国前三位。不打折可以保证品牌具有持续提升的能力。

基于此，A集团董事长决定“采取成本定价的策略，A集团的服装不打折”。小张结合自己在校所学专业内容，很快便完成了这项案例分析的任务。

任务评价

评价标准：该任务主要考核学生对企业市场调查项目的思考，能提出自己的想法；学生的分析能力和口头表达能力等。总分值100分，具体分配见表1-1所列。

表1-1　市场调查任务评价表（一）

序　号	评价项目	评价分值	得　分
1	思考问题的全面性、独特性	40分	
2	阐述问题与所学知识的结合性	30分	
3	表达能力的逻辑性、流畅性	30分	

任务检测

1. 简述市场调查的基本含义和特点。
2. 执行市场调查时，应该坚持哪些原则？有什么意义？

码上刷题

任务二　市场调查的类型与要求

任务描述

在市场活动中，市场调查会因分类标准不同而存在不同的形式，如按调查对象的范围分类，可分为全面调查和抽样调查；按调查功能分类，可分为探索性调查、描述性调查、因果性调查和预测性调查。企业进行市场调查，要遵循市场调查的一般要求，才能使得调查项目顺利进行。

理论准备

一、市场调查的基本类型

根据不同的分类标准，市场调查可以分成不同类型，如按调查对象的范围分类，包括全面调查和抽样调查两种方式；按调查的主体来分，包括政府市场调查、企业市场调查、社会组织市场调查和个人市场调查；按调查的方法分类，可分为文案调查和实地调查；按调查功能分类，可分为探索性调查、描述性调查、因果性调查和预测性调查。下面重点介绍按调查对象的范围、按调查功能两种分类方式。

市场调查的类型和要求

（一）按调查对象的范围分类

市场调查按调查对象的范围分为全面调查和抽样调查。

1. 全面调查

全面调查是指对调查对象全体或对涉及市场问题的对象进行逐一的、普遍的、全面的调查，其优点是全面、精确。它适用于取得调查总体的全面系统的总量资料的调查，如我国的人口普查。然而，其缺点也十分明显，全面调查费时、费力、费资金，所以适合在被调查对象数量少，企业人力、财力、物力都比较雄厚时采用。

2. 抽样调查

抽样调查（非全面性调查）是指从目标总体中选取一定数量的样本作为对象进行调查。

其特点是以较少的时间、费用，获得一定的调查结果，并以此推测市场总体情况。抽样调查的样本少，调查者人数要求就少，实效性就得以提高，并且可以对调查者进行很好的筛选，以提高调查的准确率。抽样调查是一种重要的调查方法，我们将在后面的项目中着重介绍。

案例 1-1

XX纸业公司的市场调查

××纸业公司要进行市场拓展，为获得消费者使用卫生纸情况的资料，开展了市场调查，步骤如下。

（1）采用多段随机抽样法，公司在A市选择300家样品户、在B市选择200家样品户进行调查。

（2）设计问卷，派调查人员进行家庭访问调查。

（3）将调查结果经由计算机整理分析，得到以下结论。

① 95%的家庭使用平板卫生纸，只有5%的家庭使用圆筒卫生纸，但后者收入所得偏高。

②A市热销类型为450克装的卫生纸，B市则是300克装的卫生纸。

③杂货店是购买卫生纸最主要的途径。

④家庭主妇是卫生纸的主要购买者。

⑤消费者通常每次购买一包，大约每两个星期购买一包。

⑥每人每天卫生纸的消耗量，A市为6.97克，B市为4.91克。

⑦A市的消费者较重视卫生纸的品质，B市的消费者则以习惯来决定购买哪种品牌的卫生纸。

⑧A市与B市的消费者，对卫生纸的品牌忠实度分别为21.6%与20.5%。

⑨品牌之转换系从低品质到高品质，此种情形在A市更为显著。

⑩柔软、消毒完全、洁白是消费者购买卫生纸时，最主要考虑的因素。

⑪A市的消费者多喜爱塑料包装，B市的消费者则多喜爱纸质包装。

⑫消费者均认为卫生纸的颜色应该是白色，其他色彩偏好为黄色、粉红色、蓝色。

根据市场调查结论，该公司拟定整体行销策略，展开强有力的电视广告配合有效实体的销售，最终成为卫生纸市场的领导品牌，轰动一时。

（二）按调查功能分类

市场调查按调查功能分为探索性调查、描述性调查、因果性调查和预测性调查，如图1-3所示。

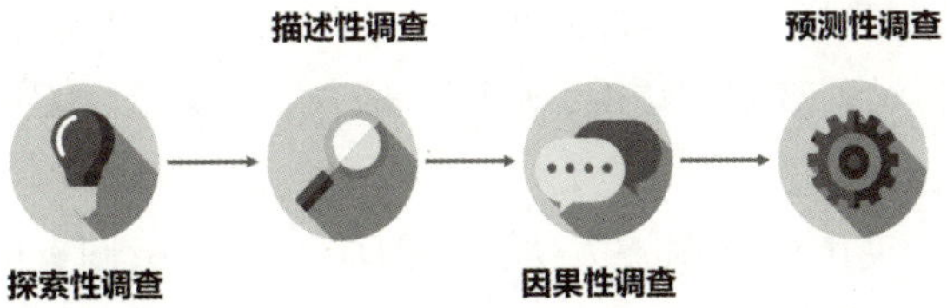

图 1-3　市场调查按调查功能分类

1. 探索性调查

探索性调查又称试探性调查或非正式调查，是指当调查问题或范围不明确时所采用的一种调查方法。这种调查特别有助于把一个大而模糊的问题表达为小而准确的子问题，并识别出需要进一步调查的信息。比如，某公司的市场份额去年下降了，公司无法一一查明原因，就可用探索性调查来发掘问题：是经济衰退的影响，是广告支出减少的影响，是销售代理效率低，还是消费者的习惯改变了？等等。总之，探索性调查具有灵活性的特点，适合调查那些我们知之甚少的问题。

2. 描述性调查

描述性调查是指进行事实资料的收集、整理，把市场的客观情况如实地加以描述和反映的一种调查方式。寻求对“谁”“什么事情”“什么时候”“什么地点”这样一些问题的回答通常使用描述性调查。它可以描述不同消费者群体在需要、态度、行为等方面的差异。描述的结果，尽管不能对“为什么”给出回答，但也可用作解决营销问题所需的有效信息。比如，某商店了解到该店 67% 的顾客主要是年龄在 18~44 岁之间的妇女，并经常带着家人、朋友一起来购物。这种描述性调查提供了重要的决策信息，使商店特别重视直接面向女顾客开展促销活动。

3. 因果性调查

因果性调查是调查一个因素的改变是否会引起另一个因素改变的调查活动，目的是识别变量之间的因果关系，如预期价格、包装及广告费用等对销售额的影响等。这项工作要求调查人员对所调查的课题有相当的知识储备，能够判断一种情况出现了，另一种情况会接着发生，并能说明其原因所在。

4. 预测性调查

预测性调查是指为了预测市场供求变化趋势或企业生产经营前景而进行的具有推断性的调查。预测性调查可以充分利用描述性调查和因果性调查的现成资料，但要求收集的信息要符合预测市场发展的趋势，如市场的新情况、新问题、新动态、新原因等方面的信息。

二、市场调查的基本要求

企业要顺利地进行市场调查，应该遵守市场调查的基本要求。

（1）端正指导思想。调查人员要树立为解决实际问题而进行调查研究的思想，牢记“一切结论产生于调查的末尾”。注意防止为了某种特殊需要，带着事先预设的观点和结论，然后去寻找“合适”的素材来印证的虚假调查。

（2）如实反映情况。对调查来的情况，坚持一是一、二是二，有则有、无则无，好则好、坏则坏，坚持讲真话。

（3）选择有效方法。采用何种调查方法，一般应综合考虑调查的效果和人力、物力、财力的可能性以及时间限制等。对某些调查项目，往往需要同时采用多种不同的调查方法，如典型调查，就需要交叉运用座谈会、访问法、观察法等多种方法。

（4）安排适当场合。安排调查的时间和地点时，要为被调查者着想，充分考虑被调查者是否方便，是否能引起被调查者的兴趣。

（5）注意控制误差。影响市场的因素十分复杂，调查过程中难免产生误差，但是应将调查误差控制在最低限度，尽量保持调查结果的真实性。

（6）掌握谈话技巧。调查人员在进行调查访问时的口吻、语气和表情对调查结果有很直接的影响，因此谈话特别需要讲究技巧。

（7）注意仪表和举止。一般来讲，调查人员穿着整洁、举止端庄、平易近人，就容易与被调查者相处融洽；反之，则会给被调查者以疏远的感觉，使之不愿与调查人员接近。

（8）遵守调查纪律。调查人员要遵纪守法，尊重被调查单位领导的意见，尊重被调查对象的风俗习惯，特别是在少数民族地区要严格执行民族政策。同时，要注意保密和保管好调查的资料。

任务实施

小张和同事查找文献资料，了解第七次全国人口普查项目。他们决定与第六次全国人口普查项目进行对比，并结合国家政策的调整，以小组讨论的方式，做好讨论纪要，使用PPT展示讨论结果。

实施要点：

（1）了解中国进行人口数量调查时，采取的调查方法。

（2）了解中国人口普查项目的执行过程。

（3）了解中国人口普查的意义和作用。

任务评价

评价标准：该任务主要考核学生收集信息的能力，包括阅读文献、捕捉信息和知识的能力。总分值100分，具体分配见表1-2所列。

表1-2　市场调查任务评价表（二）

序　号	评价项目	评价分值	得　分
1	讨论纪要完整性	50分	
2	PPT展示逻辑结构清楚，表达清晰	20分	
3	PPT展示主题明确，完成调查任务要点	30分	

任务检测

1. 市场调查的基本类型有哪些？
2. 在进行市场调查时，为什么要遵守基本要求？
3. 市场调查按调查功能分类，可以分为哪几种类型？

码上刷题

任务三　市场调查的内容与程序

任务描述

市场调查的内容涵盖了市场营销活动的整个过程，主要包括市场环境调查、市场需求调查、市场营销实务调查、市场竞争调查等。市场调查工作只有遵循系统、科学的工作程序，才能提高工作效率，从而顺利完成调查任务。

理论准备

一、市场调查的内容

企业是一个开放的经济实体，它的存在和发展都离不开与社会各界（包括自然）的交流。因此，影响企业经营的因素包罗万象，凡是直接或间接影响企业生产经营活动的信息都有调查的必要，因此市场调查的内容十分广泛。一般企业的市场调查会从以下几个方面进行，如图 1-4 所示。

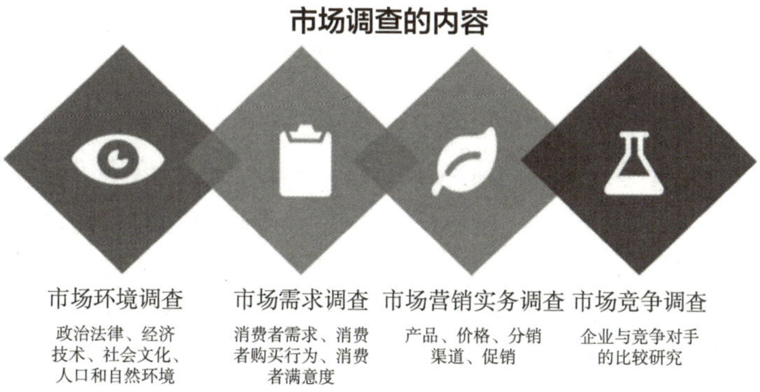

图 1-4　市场调查的内容

（一）市场环境调查

市场环境调查是指对影响企业生产经营活动的外部因素所进行的调查。它是从宏观上调查和把握企业运营的外部影响因素及产品的销售条件等。对企业而言，市场环境调查的内容基本上属于不可控制的因素，包括政治法律、经济技术、社会文化、人口和自然环境等，它们对所有企业的生产和经营都会产生巨大的影响。因此，每一个企业都必须对主要的市场环境因素及其发展趋势进行深入、细致的调查研究。

1.政治法律环境调查

政治环境是指企业面临的外部政治形势、状况和制度，分为国内政治环境和国际政治环境。对国内政治环境的调查，主要是分析政府的方针政策，政策的制定与调整及其对市场、企业产生的影响。法律环境的调查是指分析研究国家或地区的各项法律、法规，尤其是其中的经济法规。

2.经济技术环境调查

经济环境是指企业面临的社会经济条件及其运行状况、发展趋势、产业结构、交通运输及资源等情况。经济环境是制约企业生存和发展的重要因素，具体包括收入因素、消费支出、产业结构、经济增长率、货币供应量、银行利率、政府支出等因素，其中收入因素、消费支出对企业营销活动影响较大。技术环境是指一个国家或地区的技术水平、技术政策、新产品开发能力及技术发展动向等。新兴科技的发展与新兴产业的出现，可能给企业带来新的市场机会，也可能给企业带来市场危机。

3.社会文化环境调查

文化是一个复杂的整体概念，它通常包括价值观念、信仰、兴趣、行为方式、社会群体及相互关系、生活习惯、文化传统和社会风俗等。文化使一个社会的规范、观念更为系统化，文化解释着一个社会的全部价值观和规范体系。在不同国家、不同民族或地区之间，文化之间的区别要比其他特征更为深刻，它决定着人们独特的生活方式和行为规范，形成了不同国家或地区市场消费者购买动机的相应模式，所以社会文化环境调查对企业经营也至关重要。

4.人口和自然环境调查

人是构成市场的首要因素，哪里有人，哪里就产生消费需求，哪里就会形成市场。人口因素涉及人口总量、地理分布、年龄结构、性别构成、人口素质等诸多方面，处于不同年龄段、不同地区的人，其消费需求也有所不同。企业应重视对人口环境的研究，密切关注人口特性及其发展动向，及时调整营销策略以适应人口环境的变化。一个国家或地区的自然地理条件也是影响市场的重要环境因素，与企业生产经营活动密切相关。自然环境主要包括气候、季节、自然资源、地理位置等，都从多个方面对企业的市场营销活动产生着影响。比如一个国家或地区的海拔高度、温度、湿度等自然环境特征，影响着产品的功能与效果；人们的服装、食品受气候条件的影响也很明显；地理因素不仅影响着人们的消费模式，还会对经济、社会的发展与民族性格的形成产生复杂的影响。

案例 1－2

社会文化环境的重要性

美国的一家公司在得知日本市场上买不到番茄酱后，就向日本运进了大量的畅销牌子的番茄酱，却惨遭滞销。更不幸的是，该公司至今都没有弄明白为什么在日本没有能够将番茄酱销售出去。其实只需进行一次市场调查就会明白番茄酱在日本滞销的原因——黄豆酱才是当地最受欢迎的调味品。

（二）市场需求调查

消费者是市场活动的主体，是企业产品的最终购买者和服务对象。市场需求调查就是对消费者进行调查，是指在对市场环境研究的基础上，运用各种市场调查技术和方法，对消费者群体通过认知、选择、决策、购买、使用等阶段实现自身愿望和需要进行的研究。其主要包括消费者需求调查、消费者购买行为调查及消费者满意度调查三个方面。

1.消费者需求调查

消费者需求调查的内容主要包括消费者基本情况分析、具体特征、变动情况和发展趋势等，如对消费者年龄、性别、文化程度、职业、婚姻状况、个人收入、家庭收入等众多基本变量的了解与分析。通过对这些信息的收集，挖掘出消费者的潜在需求，可以帮助企业正确地进行产品定位和目标市场定位，减少企业在产品选择和市场选择上的失误。

2.消费者购买行为调查

消费者购买行为调查的内容包括消费者使用和购买的产品类型、包装规格、数量、金额与使用方法等，以及消费者购物的频率、时间、地点、场合等。通过分析消费者购买行为、动机及其影响因素，可以为企业产品市场定位及营销决策提供重要依据。

案例 1－3

添　一　点

有一家卖瓜子的小店生意特别火，其他同行怎么也比不上。该店老板说：“其实，我们家瓜子除了味道独特以外，在经营方面还有一个小技巧，就是在称分量时，别人家总是先抓一大把，再把多的拿掉，而我们家总是先估计得差不多，然后添一点。”这“添一点”的动作看似细小，却符合顾客的微妙心理。许多顾客都害怕短斤少两，“拿掉”的动作更增加了这一顾虑，而“添一点”则让人感到分量给足了，心里踏实，所以乐于登门。

上述案例说明，企业注重消费者购买行为、动机和心理因素调查，可以得到大市场。

3.消费者满意度调查

消费者满意度调查的内容包括满意率、顾客忠诚度、顾客抱怨及他人推荐率等重要评价指标。通过对这些信息的收集，企业可以考察消费者对产品和服务的满意程度。一般情况下，满意度调查是连续性的定量研究。

（三）市场营销实务调查

市场营销实务调查主要是指企业在营销活动各个环节上所进行的调查活动，涉及产品调查、价格调查、分销渠道调查和促销调查四个方面的内容。

1.产品调查

产品调查的内容主要包括品牌忠诚度、品牌价值、包装、产品生命周期、新产品创意与构思、新产品市场前景、产品售后服务等。

案例 1-4

“西瓜变方”的启示

多少年来，人们只知道西瓜是圆的。而今，日本有人生产出了方形西瓜，实乃“破天荒”也。

西瓜是如何由圆变方的呢？不说不知道，一说就明了。在小西瓜上套上事先做好的一定规格的方形模具，西瓜在后期生长中就按照人们意愿长成方形的了。

传统的西瓜惹人喜爱，但是日本人认为圆西瓜占据存放空间、好滚动、易损坏，不利于长途运输和贮藏，不能获得最佳经济效益。这种方形西瓜上市后，销路大开，大受欢迎。

上述西瓜由圆变方的案例独特新奇，种植户销路大增，获利可观。

2.价格调查

价格调查的内容主要包括定价目标和定价方法、影响定价的因素、价格调整的策略、顾客对价格变化的反应等。

3.分销渠道调查

分销渠道调查的内容主要包括分销渠道的结构和覆盖范围、渠道选择的效果、影响渠道设计的主要因素、经销商分布与关系处理、物流配送状况和模式，以及渠道成员间的窜货管理等。

4.促销调查

促销调查的内容主要包括广告、人员推销、销售促进和公共关系调查等。

（四）市场竞争调查

市场竞争调查主要侧重于企业与竞争对手的比较研究。通过对成本和经营活动的比较，找出本企业的竞争优势，从而扬长避短、避实就虚地开展经营，提高企业的竞争能力。市场竞争调查的内容主要有两点：一是对市场竞争态势的一般性调查，如不同企业的市场占有率、经营特征、竞争方式、同行业竞争结构和变化趋势等；二是针对某一具体竞争对手的调查，如竞争对手的业务范围、资金状况、经营规模、人员构成、组织结构，以及产品品牌、性能、价格、经销渠道等。

二、市场调查的程序

市场调查的全过程可划分为调查准备、调查实施和结果处理三个阶段，每个阶段又可分为若干具体步骤，如图 1-5 所示。

图 1-5　市场调查的程序

（一）调查准备阶段

准备阶段主要解决调查目的、范围和调查力量的组织等问题，并制订出切实可行的调查计划。具体工作步骤如下。

市场调查程序

1. 确定调查目标，拟定调查项目

通过确定调查目标，拟定调查项目，解决为什么要进行调查、调查需要了解什么问题、了解这些问题后有什么用处以及应该收集哪些方面的信息资料等问题。

2. 制订调查方案

调查方案的制订需要确定收集资料的各种细节工作，包括调查的时间、方式、安排、预算等。

3. 设计调查表和抽样方式

调查表应该简明扼要、突出主题，抽样方式和样本量大小应该既满足调查目的要求，又要便于统计分析。

（二）调查实施阶段

调查实施阶段是整个市场调查过程中最关键的阶段，对调查工作能否达到准确、及时、完整及节约等基本要求有直接的影响。这个阶段有如下两个步骤。

1. 对调查人员进行培训

调查人员接受培训并理解调查计划，掌握调查技术及同调查目标有关的经济知识。

2. 实施调查并收集数据

调查人员按计划规定的时间、地点及方法具体地收集有关资料，不仅要收集第二手资料（现成资料），而且要收集第一手资料（原始资料）。实施调查的质量取决于调查人员的素质、责任心和组织管理的科学性。

（三）结果处理阶段

结果处理阶段的工作可以分为以下几个步骤。

1.资料的整理与分析

资料的整理与分析即对所收集的资料进行“去粗取精、去伪存真、由此及彼、由表及里”的处理。

2.撰写调查报告

市场调查报告一般由引言、正文、结论及附件四个部分组成。其基本内容包括开展调查的目的、被调查单位的基本情况、所调查问题的事实材料、调查分析过程的说明及调查的结论和建议等。

3.追踪与反馈

提出了调查的结论和建议，不能认为调查过程就此完结，而应继续了解其结论是否被重视和采纳、采纳的程度和采纳后的实际效果，以及调查结论与市场发展是否一致等，以便积累经验，不断改进和提高调查工作的质量。

案例 1－5

“润妍”的市场调查

润妍是宝洁公司旗下唯一针对中国市场原创的洗发水品牌，也是宝洁公司利用中国本土植物资源开发的唯一的系列产品。曾几何时，润妍被宝洁公司寄予厚望，认为它是宝洁公司全新的增长点；曾几何时，无数业内外人士对它的广告与形象赞不绝口；曾几何时，我们以为又到了黑发飘飘的春天……但在 2002 年的时候，润妍就已经全面停产，退出市场。润妍怎么了？

时间回到 1997 年。这一年，宝洁开始确定新品战略，首先进行了大量的问卷调查。在外界看来一片“沙砾”般的问卷调查，宝洁人却能从中看出“金子”：真正坚定调查员信心的是被访者不经意的话——总是希望自己“有一头乌黑的秀发，一双水汪汪的大眼睛”——这不正是传统东方美女的形象吗？

通过上市前大量的市场调查工作，宝洁公司的“让秀发更黑更亮，内在美丽尽释放”的润妍洗发水就此诞生。下面来具体介绍宝洁公司在润妍上市前所做的市场调查工作。

1.“蛔虫式”调查——零距离贴身观察消费者

一个被称为“贴身计划”的商业摸底市场调查静悄悄地铺开。包括时任润妍品牌经理黄长青在内的十几个人分头到北京、大连、杭州、上海、广州等地选择符合条件的目标消费者，和他们一起生活 48 小时，进行“蛔虫”式调查。从被访者早上穿着睡衣睡眼蒙眬地走到洗手间，开始洗脸梳头，到晚上洗发卸妆，被访者的生活起居、饮食、化妆、洗护发习惯尽收眼底。黄长青甚至会细心揣摩被访者的性格和内心世界。在调查中，宝洁公司发现消费者认为滋润又具有生命力的黑发最美。

宝洁公司还通过一二手资料的调查发现了以下的科学证明：将一根头发放在显微镜之下，你会发现头发是由很多细微的表皮组成的，称为毛小皮。毛小皮直接影响头发的外观：健康头发的毛小皮排列整齐，而头发受损后，毛小皮则是翘起或断裂的，头发看上去又黄又暗。润发露中的滋养成分能使毛小皮平整，并在头发上形成一层保护膜，有效防止水分的散失，补充头发的水分和养分，使头发平滑光亮，而且更滋润。同时，润发露还能大大减少头发的断裂和摩擦，令秀发柔顺易梳。

宝洁公司专门做过相关的调查试验，发现使用不含润发露的洗发水，头发断裂指数为1；使用含润发露的洗发水，头发断裂指数为0.3；而使用洗发水后再独立使用专门的润发露，头发断裂指数就降低到0.1。

2.使用测试——根据消费者意见改进产品

根据消费者的普遍需求，宝洁公司的日本技术中心随即研制出了冲洗型和免洗型两款“润妍”润发产品。产品研制出来后并没有马上投放市场，而是继续请消费者做使用测试，并根据消费者的要求，再进行产品改进。

最终推向市场的“润妍”是加入了独特的水润草药精华、特别适合东方人发质和发色的倍黑中草药润发露。

3.包装调查——设立模拟货架进行商店试销

宝洁公司专门设立了模拟货架，将自己的产品与不同品牌特别是竞争品牌的洗发水和润发露放在一起，反复请消费者观看，然后调查消费者究竟记住和喜欢什么包装、忘记和讨厌什么包装，并据此做进一步的调查与改进。

最终推向市场的润妍倍黑中草药润发露的包装强调专门为东方人设计，在包装中加入了能呈现独特的水润中草药精华的图案，体现了东西方文化的融合。

4.广告调查——让消费者选择他们最喜欢的创意

宝洁公司先请专业的广告公司拍摄一组长达6分钟的系列广告，再组织消费者来观看，请消费者选择他们认为最好的3组画面。最后，公司概括绝大多数消费者的意思，将神秘女性、头发芭蕾等画面进行再组合，成为润妍的宣传广告。广告创意采用一个具有东方风韵的黑发少女来演绎东方黑发的魅力。飘扬的黑发和少女明眸将“尽洗铅华，崇尚自然真我的东方纯美”表现得淋漓尽致。广告片的音乐组合也颇具匠心，现代的旋律配以中国传统的乐器如古筝、琵琶等，进一步呼应“润妍”产品现代东方美的定位。

5.网络调查——及时反馈消费者心理

具体来说，工作人员利用电脑的技术特点，加强润妍logo的视觉冲击力，通过flash技术使飘扬的绿叶（润妍的标志）在用户浏览网站栏目时随之在画面上闪动。

润妍是一个适合东方人使用的品牌，又有中草药倍黑成分，所以主页设计上只用了黑、白、灰、绿这几种颜色，但以黑、灰为主。网站上建立紧扣“东方美”“自然”“护理秀发”等主题的内页，加深润妍品牌联想度。

此外，工作人员通过实时反馈技术，了解消费者最喜欢什么颜色、什么主题等。

6. 区域试销——谨慎迈出第一步

润妍的第一款新产品是在杭州面市，宝洁公司选择在美丽的西湖之畔开始进行区域范围内的试销调查。其实，润妍在选择第一个试销的地区时费尽心思。杭州是著名的国际旅游风景城市，既有深厚的历史文化底蕴，又富含传统的韵味，同时具有鲜明的现代气息，受此熏陶兼具两种气息的杭州女性，与润妍要着力塑造的现代与传统结合的东方美女形象一拍即合。

7. 委托调查——全方位收集信息

此外，上市后，宝洁公司还委托第三方专业调查公司做市场占有率调查，通过问卷调查、消费者座谈会、消费者一对一访问或者经常到商店里看消费者的购物习惯等方式，全方位搜集顾客及经销商的反馈意见。

在经过了3年的市场调查之后，宝洁公司不遗余力地向市场推广润妍，瞄准目标市场进行品牌诉求、公关宣传和广告轰炸。但让人遗憾的是，其市场业绩平平，最终于2002年悄然退出市场。一个经历3年酝酿、上市2年多还不到3年的产品就这样退出了市场，人们不禁要问，是什么原因导致这样的结果出现？

由案例不难看出，整个市场调查过程的试销区域只选择了一个城市——杭州，样本过于单一。另外，市场调查时间过长（3年），这造成了很多资料过时而不准确。3年的时间，消费者的很多想法都会发生变化。

由此看出，市场调查是整个市场营销活动的第一步。做好市场调查，为后面的整个市场营销活动打下一个坚实的基础，包括能准确判断出产品的目标对象，从而找准一个好的定位。做好市场调查，整个市场推广活动也就有了具体的针对性。但值得注意的是，市场调查不只是整个市场营销活动的第一步，也不只是其中的一个环节，而是一种观念、一种意识，它应该贯穿于整个市场营销活动的全过程。

任务实施

小张和同事到图书馆和网上查找2~3个市场调查案例。小组讨论交流，做好讨论纪要，进行经典案例PPT展示。

实施要点：

（1）了解案例中市场调查的意义和流程。

（2）分析每个案例中的成功点或者失败点。

任务评价

评价标准：该任务主要考核学生收集信息的能力，包括阅读文献，捕捉信息和知识的能力，使用PPT展示信息的能力。总分值100分，具体分配见表1-3所列。

表 1-3　市场调查任务评价表（三）

序　号	评价项目	评价分值	得　分
1	收集信息的完整性、可靠性，讨论纪要清晰	30 分	
2	分析问题是否符合任务要求	20 分	
3	分析问题是否结合所学知识内容	20 分	
4	PPT 展示逻辑结构清楚，表达清晰	30 分	

任务检测

1. 企业一般进行哪些方面的市场调查？
2. 试述市场调查的程序。
3. 市场调查准备阶段的具体工作步骤有哪些？

码上刷题

任务四　市场调查的发展历程

任务描述

市场调查的产生和发展主要经过四个阶段：萌芽阶段、巩固提高阶段、大发展阶段和数字化转型阶段。全球的市场调查行业发展迅速，为各国经济的健康发展做出了重要贡献。我国的市场调查行业虽然起步晚，但成长迅猛、发展健康。未来，市场调查行业将更加受到世界各国和各企业的重视，新的理念、新的方法和技术将使市场调查行业更为科学和有效。

理论准备

一、市场调查的产生与发展

中国市场现状分析

市场调查作为市场营销活动的先导步骤，其产生与发展经历了以下几个阶段。

（一）萌芽阶段

随着美国自由市场开发以及市场营销管理理念的发展，市场调查开始萌芽并在实践中受到重视。20 世纪初期，美国多家大学创建了市场调查所，有关市场调查的学术专著、手册和教材开始陆续出版，美国的一些企业也开始成立市场调研部，应用市场调查技术为企业营销服务。1911 年，美国柯蒂斯出版公司经理佩林编写了第一本有关市场研究的专著——《销售机会》，佩林也被称为市场调查学科的先驱。1919 年，美国芝加哥大学教授邓肯出版了《商业调研》，这是市场调研方面的第一本学术专著。1937 年，美国市场营销协会资助的出版物《市场调查技术》问世，该书汇集了有关市场调查理论和实践两方面的知识，市场调查正式成为大学商学院的课程之一。同年，布朗的《市场调查与分析》出版，该书一经推出就作为有关市场调查方面的教材而被广泛使用。

（二）巩固提高阶段

20 世纪 30 年代末至 50 年代初是市场调查的巩固提高阶段。在这个阶段，市场调查的方法得到创新。30 年代末和 40 年代初，样本设计技术获得很大进展，抽样调查兴起。调查方法的革新使得市场调查方法应用更加广泛；20 世纪 40 年代，美国社会学家罗伯特·莫顿领导下的小组，又创造了“焦点小组”方法，使得抽样技术和调查方法取得很大进展。1946 年，美国社会学家莫顿和邓德尔在《美国社会学杂志》上发表专文，对“焦点小组”方法进行了系统的论述。40 年代后，有关市场调查的书籍陆续出版，越来越多的大学商学院开设了市场调查课程。在此期间，配额抽样、随机抽样、消费者固定样本调查、问卷访问、统计推断、回归分析、简单相关分析、趋势分析等理论也得到了广泛的应用和发展。

（三）大发展阶段

20 世纪 50 年代后，市场调查业进入了一个大发展的新阶段，主要是调查方法的创新、分析方法的发展和计算机技术的应用。这些发展、创新和应用形成了一股研究市场调查方法的热潮。市场调查的结果在企业的决策中起着举足轻重的作用。社会和企业对市场调查的普遍重视和广泛应用，又反过来促进了学科的发展。很多大学已经把市场调查作为重要课程，有关市场调查的书籍、教材、报纸、杂志得到大量的出版发行。市场调查的理论、方法、技术越来越高级化、系统化、实用化。

在大发展阶段，由于计算机的出现，市场信息的收集、整理和对各个过程的分析都实现了信息化。调查数据的分析、储存和提取能力大大提高。同时，各种调查技术，如动态分析、运筹学运用、态度测量表、多元回归分析、数理模式、计算机模拟、经济计量模型、决策理论和方法都得到了创新和发展。计算机的普及又促进了各种分析软件的应用，如 SPSS、SAS 等。这些分析软件大大提高了分析速度，同时简化了分析过程，进一步推动了市场调查的信息化。至今，市场调查以及有关市场调查的理论和方法依然在发展完善中。

（四）数字化转型阶段

随着数字化经济时代的发展，市场调查与数字化愈来愈紧密相连。数字化转型的市场调查包括在线调查、大数据分析、云计算等技术，这些技术能够实现对大量数据的快速处理、分析和挖掘。同时，机器学习技术可以通过对大量数据的分析，发现数据背后的规律和趋势，为市场调查提供重要的数据分析支持和预测。人工智能技术则可以通过智能问答、智能推荐等方式，提高市场调查的精准度和效率。大数据技术能够实现对海量数据的快速处理、分析和挖掘，可以深入了解消费者的行为特征、消费习惯和偏好，以及市场趋势和竞争状况，为市场调查提供更多有价值的信息。此外，大数据分析还可以对调查问卷和访谈数据进行深入挖掘，发现数据背后的规律和趋势，为市场调查提供重要的数据支持和预测。由此可见，这些科学技术的综合运用都能够使市场调查更好地满足客户的需求，同时也降低了调查成本，提高了调查效率。

二、市场调查的现状和未来发展趋势

（一）国内外市场调查的现状

1. 国外市场调查的现状

市场调查从诞生到被广泛应用已经历了一个多世纪的发展，研究方向涵盖市场营销的方方面面。以发达国家为代表的市场调查活动非常活跃，如美国每年在市场调查与预测上的花费高达 46 亿美元，占全球花费量的一半左右；日本除了一些非常著名的企业拥有自己的调查机构外，还有其他一些官方、半官方和民间机构在收集世界各地的政治、经济、军事与社会情报；欧盟 1 500 多家调查机构和咨询公司中，大约有 600 多家调研组织在欧洲民意与市场研究协会目录上有“充分信息”的字样。可见，发达国家的市场调研机构众多，从业人员专业化程度较高，同时采用了大量的新技术，大大提高了市场调研的效率。

随着世界经济一体化进程加速，市场调查机构数量急速增长，规模不断扩张。目前，全世界的专业调研咨询机构就有几千家，如著名的美国兰德公司、斯坦福国际咨询研究所、数据资源公司、大通计量经济公司。在日本、德国、英国、法国等国家，许多大型企业都有自己完整的调研机构。以金砖国家、东南亚国家联盟、阿拉伯国家联盟等为代表的新兴经济体的迅速崛起，也带动了全球市场调查与预测的兴盛和快速发展。

显然，随着经济全球化的发展，市场经济的支配地位进一步加强，商品贸易竞争的加剧和服务市场的进一步细分已成为必然趋势，这将为市场调查行业提供更大的发展空间。

2. 国内市场调查的现状

我国现代意义上的市场调查工作始于 20 世纪 80 年代，起步较晚，与发达国家相比有较大差距，但发展迅速。随着社会主义市场经济体制的建立与不断完善，企业决策越来越明显地表现出对市场发展信息的依赖。因此，企业对市场调查也愈发重视。

我国以市场研究为主的调查机构普遍面临着规模较小、发展不规范的问题。大部分专业市场调查公司存在着规模小、业务方向不明、市场定位模糊、专业水平低、人员业务素质不高、调查手段落后等不足，对于大型项目的规划和实施的能力较差，很难获得企业和客户的信任。许多国内的专业市场调查公司目前仍处于数据收集阶段，尚未进入数据分析和咨询阶段。虽然一些咨询公司快速兴起，但其中存在着客观数据及分析能力严重缺失，对委托方的要求不能百分百达到的现象，极易造成企业对市场调查、市场预测和咨询服务的严重误解和忽视。

我国市场调查现状中还存在市场需求总量小，与我国经济发展总体规模极不相称的问题。在我国，市场调查还没有深深扎根于管理者的营销理念中，原因主要体现在以下方面：一是与以前我国国有企业经营中存在的“等、靠、要”的传统思维定式有关；二是与当前众多的企业对现代市场调查与预测的重要性认识不足有关；三是与当前我国市场调查这个行业总体水平不高、经验不足、专业人才缺乏有关。市场调查与预测是一个技术性较强的行业，它涉及众多的学科知识，如社会学、心理学、人口学、统计学、经济学、管理学、计算机技术等，对从业人员的要求很高。特别是对资料的分析处理、对市场的判断和定位，要求市场调查公司具有规范的工作流程，从业人员具有较高的专业水准。而这些方面对于目前国内市场调查与预测行业而言还是薄弱环节。

（二）市场调查未来发展趋势

1.市场调查的地位日益提高

在信息化、全球化的背景条件下，企业之间的竞争日趋激烈，企业对市场的反应速度要求越来越快。精准的决策和迅速的市场反应要求企业能够利用市场调查信息，提高预测和决策的准确性。因此，发展中国家企业将摒弃“跟着感觉走”的市场运作方法，逐渐与国际市场调研接轨，通过深刻认识市场调研的重要意义，科学、合理地开展市场调研工作。

2.市场调查体系将愈加完善，机构趋向多元化

世界新兴经济体国家尤其是我国的市场调查与预测的发展潜力大、发展速度快、需求量大，具有后发优势，便于与国际市场接轨，从而形成规模结构合理、优势特色互补、机构类型多元、专业调查机构与综合性企业调研部门并存的社会调查结构体系。按标准化来发展市场调查和咨询公司，能够促进市场调查与预测行业的技术成熟化、公司规模化、市场普及化和费用合理化。

3.市场调查方法将更加先进

为保证企业经营决策的科学性，要求为之提供资料和信息的市场调查更加准确，在调查方法上将更加趋于多种调查方法的结合应用，网络调查将得到发展与普及。此外，各种技术将更广泛地应用于市场调查中，与市场调查有关的统计软件将不断地得到开发，这也将推动市场调查方法更加趋于成熟和完善。

4.行为科学将在市场调查中被更广泛地采用

在未来的市场调查中，对消费者心理和行为的研究将更加受到重视。因此，心理学、社会学、管理学中的行为科学方法将在市场调查活动中得到进一步的应用。市场调查将逐步成为信息产业的重要组成部分，发挥着越来越重要的作用。

任务实施

小张通过登录“中国市场调查网”和利用百度等搜索引擎了解国内外知名市场调查公司的业务运作状况，重点了解国内排名前十位的市场调查公司的运营特点。

实施要点：

（1）熟练运用计算机和网络工具收集信息。

（2）分析所收集的信息，归纳总结运营特点。

任务评价

评价标准：该任务主要考核学生利用先进工具收集信息的能力，以及筛选信息、分析信息，最终写成描述性调查文案的能力。总分值 100 分，具体分配见表 1-4 所列。

表 1-4　市场调查任务评价表（四）

序　号	评价项目	评价分值	得　分
1	调查信息的收集（数量和准确性）	50 分	
2	文案内容符合任务要求	20 分	
3	文案的逻辑结构清楚，文字通顺，见解独特	30 分	

任务检测

1. 简述国内市场调查发展状况。

2. 简述市场调查未来发展方向，以及给我国调查机构带来的机遇和挑战。

码上刷题

项目回顾

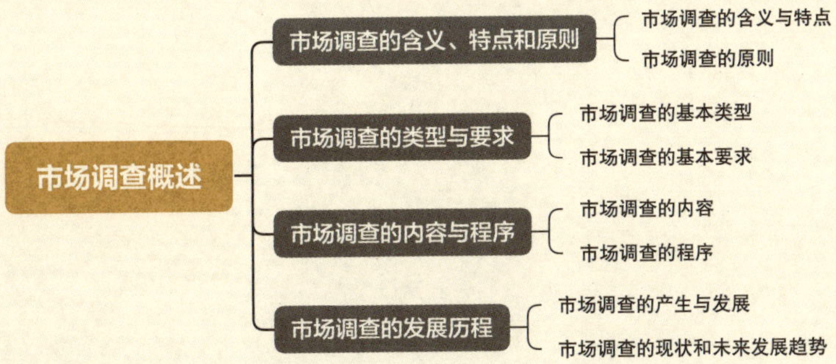

实战演练

实训目标	1. 了解市场调查的概念和重要性。 2. 知道市场调查在企业经营过程中如何应用。
实训要求	学生分组进行（4~6 人一组），通过对话使学生与企业家真诚交流，对市场调查的概念和重要性有大概的了解，知道市场调查在企业经营过程中是如何应用的。 具体要求： 1. 学生提出的主要问题可参考如下。 （1）您的企业需要市场调查吗？ （2）您的企业是怎样进行市场调查的？ （3）您在调查中遇到的主要障碍有哪些？ （4）您的企业需要市场调查人才吗？ （5）您希望市场调查人才具备哪些能力呢？ 2. 以采访或直接对话的形式，组织讨论并写下自己的感想。 全班讨论、交流。
实训成果	1. 记录采访过程，形成完整的谈话纪要。 2. 活动内容和思考以 PPT 形式展示。

项目二　市场调查方案设计

市场调查方案
设计资源库

项目概述

在现代市场活动中，企业会根据市场情况和自身需求，确定调查的目标和要求，并对调查的各个方面和各个阶段做出通盘考虑和安排，这就是市场调查方案。因此，市场调查方案是否科学、可行，关系到整个市场调查工作的成败。设计一份完整的市场调查方案主要涉及确定调查目的、确定调查对象和调查单位、确定调查项目内容、设计调查工具、确定调查时间和调查工作期限、确定调查地点、确定调查方式和方法、确定调查资料整理和分析方法、确定调查费用、确定提交报告的方式、制订调查的组织计划等 11 个方面。调查方案设计完成后还需要针对复杂的社会经济现象进行分析，从中选择最优调查方案来开展调查工作。

学习目标

知识目标

1. 了解市场调查方案设计的含义和意义。

2. 掌握市场调查方案设计的内容和方法。

3. 了解市场调查方案的可行性研究和质量评价。

能力目标

1. 能够分析企业面临的调查问题，明确市场调查意图，确定市场调查目标。

2. 掌握市场调查方案设计的具体内容，并根据市场调查目标设计一份完整合理的市场调查方案。

3. 掌握市场调查方案的评价方法。

思政目标

1. 树立分析问题的意识，理解调查背景和意图的现实意义。

2. 能利用科学调查原理制订调查方案，做到精益求精，培养实践精神。

思政小故事

米店的市场调查方案设计

在古代江西的一个大的集镇里，共有6家米商，其中有一个年轻米商叫蔡明华。通常米商的做法都是在店铺等待顾客上门购买，但是这一年生意非常清淡。

有一天，蔡明华突然意识到必须了解一下为什么会出现这种情况，于是就进行了一番走访调查。他在镇子里面进行了包含如下几个问题的市场调查：

（1）家庭中的人口数量；

（2）每天大米的消耗量是多少；

（3）家中存米的米缸容量大小。

通过调查，蔡明华认识到必须让自己的客户感到买他的米是物有所值的，而且要比其他几家米店更划算。于是，蔡明华决定对销售过程进行记录，记录下客户的饮食习惯、订货周期，以寻找供货的最好时机。结合这次的市场调查结果，蔡明华决定采取以下两个措施并实施：

（1）免费送货上门；

（2）定期将镇民家中的米缸添满。

例如，一个5口之家，包括3个大人、2个小孩。每个大人每天要吃2碗米饭，每个小孩每天要吃1碗米饭。这个家庭一天的大米消耗量为8碗。该家庭米缸容量是120碗，接近1袋大米的量。一缸米可以消耗15天，于是蔡明华决定每15天为这个家庭送1袋大米。

通过建立这样极有价值的记录和推出的新服务（送货上门、定期补货），蔡明华的米店和客户建立起了广泛且深入的关系，先是自己的老客户，然后逐步扩展到其他镇民。因此，蔡明华的米店规模得到不断扩大，以至于不得不雇人来帮忙：一个记账的，一个整理销售发货数据的，一个负责在柜台销售，两个送货员。至于老板蔡明华，他的主要职责就是与镇民不断地接触，加深对镇民购买需求的了解。最后，蔡明华米店的生意蒸蒸日上，他自己也成了江西有名的富商。

由此故事可以看出，规范的市场调查工作，明确的调查目标，合理的任务安排、布局，对于推动一个企业正常的运营工作是非常重要的。这就是一份市场调查方案会涉及的内容和任务。

（资料来源：编者根据相关资料整理）

项目导入

小张所在的市场调查公司接到成都某服装公司委托，需要围绕××休闲服装市场开展市场调查。小张作为项目组成员之一跟随师傅一起与该服装公司决策者和相关专家沟通，进一步明确调查意图，设计出可行的市场调查方案，撰写并提交市场调查计划书。基于此，项目组展开磋商，重点解决以下问题：

1.如何根据项目的要求收集市场调查资料，分析问题的背景，与决策者沟通交流注意事项，明确调查目标？

2.如何构思并制订市场调查方案？

3.如何撰写市场调查项目计划书？

4.怎样设计评价标准并对调查方案开展讨论和修改工作？

任务一　市场调查方案设计的内涵

任务描述

市场调查方案设计，是对调查工作总任务的各个方面和各个阶段进行通盘考虑和安排。因为市场调查是一项复杂的、严肃的、技术性较强的工作，为了在调查过程中统一认识、统一内容、统一方法、统一步调，圆满完成调查任务，就必须事先制订出一个科学、严密、可行的工作计划并加以实施，这就是市场调查方案存在的意义。

案例 2-1

购物商贸中心市场调查目标的确定

某制造业公司多年来经营十分顺利，营业额节节上升，收益率尚佳。但近年来，由于市场国际化、消费者消费习惯多元化等因素的影响，导致该公司产品在市场竞争上节节败退，造成经营上的压力不断增大，因此该公司积极地进行总体经营体制的改善工作，以提高其市场竞争力。与此同时，公司也在积极寻求企业经营多元化，为企业发展寻找新契机。

几经筛选之后，该公司在众多多元化计划中将“土地有效开发利用”列为优先计划。可是土地有效开发利用的途径有很多，诸如土地出售、兴建大楼出售、发展游乐产业、兴建大型购物中心等。

鉴于该公司在某区附近拥有的大量土地已列入都市计划，现公司最高决策层决定在该土地上打造“购物商贸中心”，主要原因在于：

（1）配合未来消费者购买习惯的多元化；

（2）商品销售行为会产生可观的现金流量，可以提高该公司运营周转的能力；

（3）公司可以继续持有土地所有权，以获得土地增值之利。

在下最后决定之前，该公司决定进行一次购物商贸中心市场调查工作，以帮助最高决策层做最后决策。

因此，大型购物商贸中心的市场调查目标重点在于：

（1）开展消费者调查，以便确定大型购物商贸中心的经营业态；

（2）调查产品重点及服务重点，以便产生服务业经营差异化效果。

理论准备

一、市场调查方案设计

（一）市场调查方案设计的含义

市场调查方案设计，就是根据调查研究的目的和调查对象的性质，在进行实际调查之前，对调查工作总任务的各个方面和全部过程进行通盘考虑和安排，提出相应的调查实施方案，制定出合理的工作程序。

市场调查工作的范围可大可小，但无论是大范围的调查，还是小规模的调查工作，都会涉及相互联系的各个方面和各个阶段。这里所讲的调查工作的各个方面，是对调查工作的横向设计，就是要考虑到调查所要涉及的各个组成项目。例如，对某市商业企业竞争能力进行调查，就应将该市所有商业企业的经营品种、质量、价格、服务、信誉等方面作为一个整体，对各种相互区别又有密切联系的调查项目进行整体考虑，避免调查内容上出现重复和遗漏。

这里所说的全部过程，则是对调查工作的纵向设计，它是指调查工作所需经历的各个阶段和环节，即调查资料的搜集、整理和分析等。只有对此事先做出统一考虑和安排，才能保证调查工作有秩序、有步骤地顺利进行，从而减少调查误差，提高调查质量。

（二）市场调查方案设计的意义

市场调查是一项复杂的、严肃的、技术性较强的工作。一项全国性的市场调查往往要组织成千上万人参加，为了在调查过程中统一认识、统一内容、统一方法、统一步调，圆满完成调查任务，就必须事先制订出一个科学、严密、可行的工作计划，以使所有参加调查工作的人员都依此执行。具体来讲，市场调查方案设计的意义有以下三点。

（1）从认识上讲，市场调查方案设计是从定性认识过渡到定量认识的开始阶段。虽然市场调查所搜集的许多资料都是定量资料，但应该看到，任何调查工作都是先从对调查对象的定性认识开始的，没有定性认识就不知道应该调查什么和怎样调查，也不知道要解决什么问题和如何解决问题。例如，要研究某一工业企业生产经营状况，就必须先对该企业生产经营活动过程的性质、特点等有详细的了解，设计出相应的调查指标以及搜集、整理调查资料的方法，然后再去实施市场调查。可见，市场调查方案设计正是定性认识和定量认识的连接点。

（2）从工作上讲，市场调查方案设计起着统筹兼顾、统一协调的作用。现代市场调查可以说是一项复杂的系统工程，对于大规模的市场调查来讲，尤为如此。在市场调查中会遇到很多复杂的矛盾和问题，其中许多问题是属于调查本身的问题，也有不少问题则并非调查的技术性问题，而是与调查相关的问题。例如，抽样调查中样本量的确定，按照抽样调查理论，可以根据允许误差和把握程度大小，计算出相应的必要抽样数目，但这个抽样数目是否可行，要受到调查经费、调查时间等多方面条件的限制。

（3）从实践要求上讲，市场调查方案设计能够适应现代市场调查发展的需要。现代市场调查已由单纯的搜集资料活动发展到把调查对象作为整体来反映的调查活动。与此相适应，市场调查过程也应被视为是市场调查设计与资料搜集、整理和分析的一个完整的工作过程，市场调查方案设计正是这个全过程的第一步。

二、市场调查目标的确定

市场调查目标的确定

经过前期的工作，在已掌握相关资料的基础上，需要对相关市场问题进行界定，并弄清楚企业进行市场调查的意义是什么，以及决策层想获得什么样的信息。在整理相关资料后需要回答以下三个问题。

第一，客户为什么要进行调查，即调查的意义。

第二，客户通过调查想获得什么信息，即调查的内容。

第三，客户利用已获得的信息要做什么，即通过调查所获得的信息能否解决客户所面临的问题。

介于以上问题，就需要进行调查目标的确定。这是一个从抽象到具体、从一般到特殊的过程。调查人员首先应限定调查的范围，找出企业最需要了解和解决的问题；其次，要分析目前所掌握的与调查问题有关的资料是否完整，如企业的销售记录、市场的价格变化等；再次，在此基础上还要明确本次调查需要重点收集的资料是什么；最后，写出调查目标和问题的说明。

（一）准确确定市场调查目标

1.不要将市场调查目标定得太宽

在业务实践中，确定调查目标时，有的调查人员生怕漏掉什么，常常将目标确定得太宽，但太宽的目标无法为市场调查的后续工作提供明确的方向。

2.不要将市场调查目标定得太窄

在业务实践中，确定调查目标时，有的调查人员将目标确定得太窄，这就会使得决策者根据调查结果做决策时缺乏对市场情况的全盘把握，极易导致决策的失败。

3.正确确定市场调查目标

为了减少上述确定目标时常犯的两类错误，可以先将调查目标用比较宽泛的、一般性的术语来描述，然后再确定具体的研究提纲。比较宽泛的描述可以为问题的解决提供比较开阔的视角以避免出现第二类错误，而具体的研究提纲则集中了问题的关键方面，从而可以为如何进一步操作提供清楚的指引路线。

（二）建立市场调查假设

为加强市场调查的目的性，调查人员可事先提出假设，即先给出调查的观点，然后寻找材料加以说明。例如，某零售商店根据现有的材料，可提出如下假设：一是商店销售额下降是因为竞争对手增加、顾客分流所致，企业的营销策略无问题；二是商店销售额下降是因为产品定价太高，周围顾客购买力水平低造成的，竞争对手不是主要因素。依据假设进行调查，是探索性调查经常采用的方法，它可以使调查者抓住重点、提高效率，并带着结论去调查。

为使市场调查的目标更加明确和集中，企业也可以事先组织一次试调查，即依据现有的资料和所作假设进行试验性的访问调查。做法是调查组织者与一些经验丰富的调查人员一起，按照判断抽样法选取部分调查对象，与他们进行面对面的交谈，然后参照面谈记录，对调查目标进行修正，并进一步明确调查问题的性质和特征。

案例 2-2

颠覆传统的“盒马鲜生”

盒马鲜生的布局模型颠覆了传统线下门店的布局逻辑，它将互联网基因深深地植入线下实体门店，构建了多渠道的新型门店模型。它是超市，是餐饮店，也是菜市场。消费者既可以到店内购买，也可以在盒马App下单。盒马鲜生将单纯的线下实体门店转型为线上线下无缝衔接的新零售模式。

盒马鲜生在创立之前，相关人员先通过市场调查了解到传统的菜市场规划布局不合理且卫生条件差，此外大部分职场人士没有时间在下班后去菜市场选购。盒马鲜生的出现恰到好处地规避了传统菜市场的弊端，营造了一种全新的生活方式——消费者可以通过线上线下自由地在一个门店搞定所有食材，轻松实现“在家买菜”的愿景。

盒马鲜生对消费者进行市场调查后，将主要目标人群定位为新生代的“80后”和“90后”群体，其原因主要包括以下两个：①新生代的“80后”和“90后”群体是互联网的主要用户，拥有巨大的消费潜力；②新生代的“80后”和“90后”群体的消费能力与消费意愿均超越了上一代，他们更关注产品的品质，对价格的敏感度不高。

本次市场调查的结果还反映出大部分消费者工作较忙，没有太多时间和精力自己做饭，买回家的蔬菜经常由于吃不完而变质。为此，盒马鲜生在产品和包装上做足了功夫：①生产大量经加热便可以食用的半成品和成品食物，让“吃”这个品类的结构更加完善丰富；②把所有的商品都做成小包装，顾客需要什么就买什么，今天吃今天买，一顿饭正好吃完，让顾客每天吃的商品都是新鲜的。

通过大量且广泛的市场调查，盒马鲜生迅速打开市场。

任务实施

通过分析××休闲服装市场，小张所在的市场调查公司已经初步掌握了该市场的基本情况，但还需要和委托方——成都某服装公司一起再一次确认其调查的目的和意义，这样才能确保后期设计出可行的市场调查方案。

实施要点：

（1）根据项目要求收集市场调查资料，分析该休闲服装市场目前存在的问题以及产生的背景。

（2）用SWOT方法呈现出所收集信息与该服装公司发展的关系。

（3）与委托方一起，进一步明确调查目标，确认其调查意图。

任务评价

评价标准：该任务主要考核学生对所掌握数据信息分析的基本能力；对调查主题准确把握的水平；学生的团队配合意识和沟通能力。总分值100分，具体分配见表2-1所列。

表2-1 市场调查方案设计任务评价表（一）

序号	评价项目	评价分值	得分
1	调查信息的收集（数量和准确性）	20分	
2	SWOT矩阵图的设计	50分	
3	调查目标的准确把握	30分	

任务检测

1.简述市场调查方案设计的基本含义。

2.市场调查方案设计的意义是什么？

3.在进行市场调查方案设计时，如何准确确定市场调查目标？

码上刷题

任务二 设计市场调查方案

任务描述

在具体的市场调查工作过程中，调查人员会根据调查的目标，确定调查对象、调查内容，选择合适的调查方式和方法，确定调查时间，进行经费预算，并制订具体的调查组织计划。也就是说，在调查实施之前，调查机构及其工作人员会依据调查的目的和调查对象的实际情况，对调查工作的各个方面和全部过程做出总体安排，以提出具体的调查步骤，制定合理的工作流程。

理论准备

一、市场调查总体方案设计

市场调查的总体方案设计是对调查工作各个方面和全部过程的通盘考虑，包括了整个调查工作过程的全部内容。调查总体方案是否科学、可行，是整个调查成败的关键。市场调查总体方案设计主要包括以下内容，如图 2-1 所示。

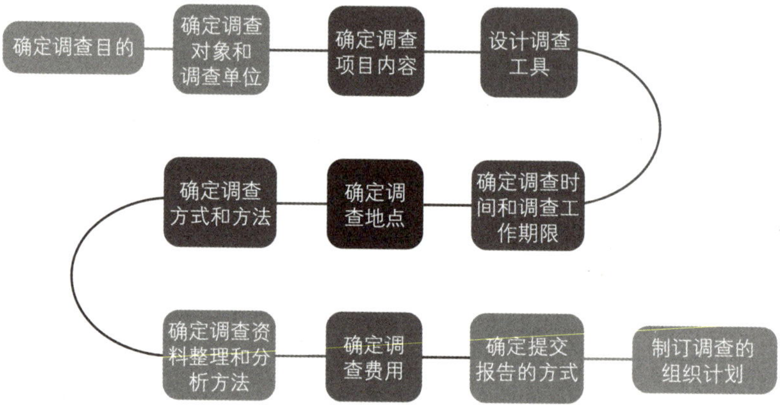

图 2-1　市场调查总体方案设计的内容

（一）确定调查目的

明确调查目的是市场调查总体方案设计的首要问题，只有确定了调查目的，才能确定调查的范围、内容和方法，否则就会列入一些无关紧要的调查项目，甚至漏掉一些重要的调查项目，无法满足调查的要求。衡量一个市场调查总体方案设计是否科学的标准，主要就是看方案的设计是否满足调查目的的要求，是否符合客观实际。

市场调查总体方案设计

（二）确定调查对象和调查单位

明确了调查目的之后，就要确定调查对象和调查单位，这主要是为了解决向谁调查和由谁来具体提供资料的问题。调查对象就是根据调查目的、任务确定调查的范围以及所要调查的总体，它是由某些性质上相同的许多调查单位所组成的。调查单位就是所要调查的社会经济现象总体中的个体，即调查对象中的一个个具体单位，它是调查中要调查登记的各个调查项目的承担者。

例如，为了研究某市各广告公司的经营情况及存在的问题，需要对全市广告公司进行全面调查。那么，该市所有广告公司就是调查对象，每一个广告公司就是调查单位。又如，在某市职工家庭基本情况一次性调查中，该市全部职工家庭就是调查对象，每一户职工家庭就是调查单位。

在确定调查对象和调查单位时，应该注意以下四个问题。

（1）由于市场现象具有复杂多变的特点，因此，在许多情况下，调查对象也是比较复杂的，必须用科学的理论作为指导，严格规定调查对象的含义，并指出它与其他有关现象的界限，以免造成调查登记时由于界限不清而发生的差错。例如，以城市职工为调查对象，就应明确职工的含义，划清城市职工与非城市职工、职工与居民等概念的界限。

（2）调查单位的确定取决于调查目的和对象，调查目的和对象变化了，调查单位也要随之改变。例如，要调查城市职工本人基本情况时，这时的调查单位就不再是每一户城市职工家庭，而是每一个城市职工。

（3）调查单位与填报单位是有区别的，调查单位是调查项目的承担者，而填报单位是调查中填报调查资料的单位。例如，对某地区工业企业设备进行普查，调查单位为该地区工业企业的每台设备，而填报单位是该地区每个工业企业。但在有的情况下，两者又是一致的。例如，在进行职工基本情况调查时，调查单位和填报单位都是每一个职工。在调查方案设计中，当两者不一致时，应当明确从何处取得资料并防止调查单位重复和遗漏。

（4）不同的调查方式会产生不同的调查单位。例如，采取普查方式，调查总体内所包括的全部单位都是调查单位；采取重点调查方式，只有选定的少数重点单位是调查单位；采取典型调查方式，只有选出的有代表性的单位是调查单位；采取抽样调查方式，则用各种抽样方法抽出的样本单位是调查单位。

（三）确定调查项目内容

调查项目是指对调查单位所要调查的主要内容，确定调查项目内容就是要明确向被调查者了解些什么问题，调查项目一般就是调查单位的各个标志的名称。例如，在消费者调查中，消费者的性别、民族、文化程度、年龄、收入等，其标志可分为品质标志和数量标志。品质标志表明事物的品质特征，它不能用数量来表示，只能用文字来表示，如消费者的性别、民族和文化程度；数量标志表明事物的数量特征，它可以用数量来表示，如消费者的年龄和收入。标志的具体表现是指在标志名称之后所表明的属性或数值，如消费者的年龄为 30 岁或 50 岁，性别是男性或女性等。

在确定调查项目内容时，除了要考虑调查目的和调查对象的特点外，还要注意以下几个问题。

（1）确定的调查项目应当既是调查任务所需，又是能够取得答案的。凡是调查目的需要又可以取得答案的调查项目要充分满足，否则不应列入。

（2）项目的表达必须明确，要使答案具有确定的表示形式，如数字式、是否式或文字式等。否则，会使被调查者产生不同理解而做出不同的答案，造成汇总时的困难。

（3）确定调查项目应尽可能做到项目之间相互关联，使取得的资料相互对照，以便了解现象发生变化的原因、条件和后果，便于检查答案的准确性。

（4）调查项目的含义要明确、肯定，必要时可附以调查项目解释。

（四）设计调查工具

当调查项目内容确定后，必须进一步具体设计反映这些项目的调查工具。调查工具是指调查指标的物质载体，如调查表和调查问卷等。设计调查表或调查问卷，以作为搜集市场调查信息的工具。调查表或调查问卷既可作为书面调查的记载工具，也可作为口头询问的提纲。设计调查工具时，必须考虑到调查项目的多少、调查者和被调查者是否方便、对资料进行整理分析时的需要等。只有科学地设计调查工具，才能使调查过程顺利，调查结果完整。

下面对调查表做简单介绍，调查表一般由表头、表体和表脚三个部分组成。

（1）表头包括调查表的名称、调查单位（或填报单位）的名称、性质和隶属关系等。表头上填写的内容一般不做统计分析之用，但它是核实和复查调查单位的依据。

（2）表体包括调查项目、栏号和计量单位等，它是调查表的主要部分。

（3）表脚包括调查者或填报人的签名和调查日期等，其目的是明确责任，一旦发现问题，便于查寻。

调查表式分单一表和一览表两种。单一表是每张调查表式只登记一个调查单位的资料，常在调查项目较多时使用。它的优点是便于分组整理，缺点是每张表都注有调查地点、时间及其他共同事项，造成人力、物力和时间的耗费较大。一览表是一张调查表式可登记多个单位的调查资料。它的优点是当调查项目不多时，能使人一目了然，还可将各有关单位的资料相互核对，缺点是对每个调查单位不能登记更多的项目。

另一种调查工具调查问卷将在项目四详细讲解。

（五）确定调查时间和调查工作期限

调查时间是指调查资料所需要的时间。如果所要调查的是时期现象，就要明确规定资料所反映的是调查对象从何时起到何时止的资料；如果所要调查的是时点现象，就要明确规定统一的标准调查时点。

调查工作期限是指规定的调查工作的开始时间和结束时间，既包括从调查方案设计到提交调查报告的整个工作时间，也包括各个阶段的起始和结束时间，其目的是使调查工作能及时开展、按时完成。为了提高信息资料的时效性，在可能的情况下，调查期限应适当缩短。

（六）确定调查地点

在调查方案设计中，还要明确规定调查地点。调查地点与调查单位通常是一致的，但也有不一致的情况，当不一致时，必须规定调查地点。例如，人口普查规定调查登记常住人口，即人口的常住地点。若登记时不在常住地点，或不在本地常住的流动人口，均须明确规定处理办法，以免调查资料出现遗漏和重复。

（七）确定调查方式和方法

在调查方案设计中，还要规定采用什么调查方式和方法取得调查资料。搜集调查资料的方式有普查、重点调查、典型调查、抽样调查等。具体调查方法有文案法、访问法、观察法和实验法等。在调查时，采用何种方式、方法不是固定和统一的，而是取决于调查对象和调查任务。在市场经济条件下，为准确、及时、全面地取得市场信息，尤其应注意多种调查方式的结合运用。

（八）确定调查资料整理和分析方法

采用实地调查方法搜集的原始资料大多是零散的、不系统的，只能反映事物的表象，无法深入研究事物的本质和规律性，这就要求调查人员对大量原始资料进行加工汇总，使之系统化、条理化。目前这种资料处理工作一般已由计算机进行，这在调查方案设计中也应予以考虑，包括采用何种操作程序以保证必要的运算速度、计算精度及特殊目的。

随着经济理论的发展和计算机的运用，越来越多的现代统计分析手段可供调查人员在分析时选择，如回归分析、相关分析、聚类分析等，每种分析技术都有其自身的特点和适用性。因此，调查人员应根据市场调查的要求，选择最佳的分析方法并在市场调查方案中加以规定。

（九）确定调查费用

确定调查费用是市场调查方案设计的重要内容。调查的费用会因调查课题的不同而不同。在制定预算时，应当制订较为详细的工作项目费用计划。通常在调查前期，计划准备阶段的费用安排应占到总预算的20%左右，具体实施调查阶段的费用安排可占到总预算的40%左右，而后期分析报告阶段的费用安排也将占到总预算的40%左右。因此，调查人员必须全面考虑各个不同阶段的费用支出情况，避免节外生枝。

市场调查的费用预算支出要详尽说明，不能有遗漏，并且要切合实际、落实到位。一般来说，市场调查所需的费用包括：调查方案设计费、抽样和问卷设计费、调查表测试费、问卷的印刷和装订费、市场调查人员差旅费、劳务费、被调查者的礼品费、数据加工处理费、调查报告撰写费及其他费用等。通常可以将调查费用制作成表格。

（十）确定提交报告的方式

提交报告的方式设计主要包括报告书的形式和份数、报告书的基本内容、报告书中图表量的大小等。

（十一）制订调查的组织计划

调查的组织计划，是指为确保实施调查的具体工作计划。其主要包括调查的组织领导、调查机构的设置、人员的选择和培训、工作步骤及其善后处理等。必要时，还必须明确规定调查的组织方式。

二、市场调查方案的编写

不同项目的调查方案格式有所不同，但一般格式均包括以下几部分内容。

（一）说明前言部分

前言部分，即方案的开头部分，应该简明扼要地介绍整个调查项目的背景。

案例 2－3

“关于××大学螺蛳粉消费情况调查方案”的前言编写

螺蛳粉是广西壮族自治区柳州市的特色小吃之一，具有辣、爽、鲜、烫的独特风味。它由柳州特有的软滑爽口的米粉，再加上酸笋、木耳、花生、油炸腐竹等材料配合而成。因螺蛳汤味道奇特鲜美，所以人们食用后回味无穷。近年来，螺蛳粉销量剧增，伴随着电商售卖平台开通，常有供不应求的情况发生。与此同时，政府对螺蛳粉产业的大力支持也促进了螺蛳粉企业的不断扩大。

现如今螺蛳粉在各个高校深受大学生欢迎，因此调查人员根据大学生对螺蛳粉的喜爱程度进行相关调查，了解大学生偏向于哪种口味，以及对螺蛳粉的具体消费情况，从而进一步了解螺蛳粉消费市场的前景，借此帮助企业解决一些实际性问题，促进螺蛳粉产业更好的发展。

（二）说明调查课题的目的和意义

调查课题的目的和意义的说明应较为详细，应指出市场调查的背景、要研究的问题和可能的几种备用决策，指明该项调查结果能给企业带来的决策价值、经济效益、社会效益及在理论上的重大价值。

案例 2－4

“关于××大学螺蛳粉消费情况调查方案”的调查目的编写

了解柳州螺蛳粉在××大学各个方面的消费情况，为该产品在学校的推广宣传制订科学合理的经营方案提供依据。因此，调查人员设计以下几个调查目的。

（1）详细了解大学生对螺蛳粉的消费情况和习惯。

（2）了解哪家螺蛳粉品牌更受大学生喜爱，以及大学生对服务和产品的满意程度。

（3）了解大学生对螺蛳粉的喜爱程度、螺蛳粉的知名度以及渗透率。

（4）客观评估螺蛳粉的市场潜力。

（5）了解柳州螺蛳粉以及主要竞争对手的粉类商品价格、广告、促销等营销战略。

（三）说明调查的内容和具体项目

调查的内容和具体项目是依据调查所要解决的问题及其所必需的信息资料来确定的。

案例 2-5

“关于××大学螺蛳粉消费情况调查方案”的调查项目编写

本次市场调查的主要调查项目如下。

（一）行业市场环境调查

（1）柳州螺蛳粉在××大学的容量以及发展潜力。

（2）柳州螺蛳粉在××大学市场粉类的竞争状况。

（3）××大学附近学生生活环境对螺蛳粉销售的影响。

（4）××大学各个粉店中柳州螺蛳粉的销售情况。

（二）消费者调查

（1）消费者对柳州螺蛳粉的了解程度。

（2）消费者对柳州螺蛳粉的购买情况。

（3）消费者对柳州螺蛳粉的忠诚意识。

（4）消费者平均月开支及消费率统计。

（5）消费者对理想柳州螺蛳粉的描述。

（三）竞争者调查

（1）主要竞争者与竞争者品牌的优劣。

（2）主要竞争者的营销方式和营销策略。

（3）主要竞争者市场概括。

（四）说明调查的对象和范围

说明调查的对象和范围，主要是为了解决向谁调查和由谁来具体提供资料的问题。

案例 2-6

“关于××大学螺蛳粉消费情况调查方案”的调查对象编写

本次市场调查的研究区域：××大学。

被调查者条件：本次研究的主要目的是既要了解大学生对螺蛳粉的喜爱程度、螺蛳粉的知名度以及渗透率，又要客观地评估螺蛳粉的市场潜力。因此，在选择调查对象时相对比较广泛，以获得更加准确的资料。

本次调查对象为：××大学所有在校学生。

（五）说明调查所采用的方法

调查方法的说明主要是详细说明选择什么方法收集资料、具体的操作步骤是什么。如果采取抽样调查方式，就必须说明抽样方案的步骤，所取样本的大小和要求达到的精度指标。

案例 2－7

“关于××大学螺蛳粉消费情况调查方案”的调查方法编写

本次主要针对××大学进行调查，其调查方法如下。

（1）对消费者（大学生）以问卷调查和访问调查为主。

（2）对经销商以深度访谈为主。

（3）通过文案调查方法收集××大学人口统计资料。

（六）说明资料整理和分析方法

资料整理和分析方法的说明即明确资料分析的方法和分析结果的表达形式等。

案例 2－8

“关于××大学螺蛳粉消费情况调查方案”的资料整理和分析方法编写

（一）资料的整理方式

（1）整理出调查结果以便于总结出××大学学生对螺蛳粉的喜爱程度和螺蛳粉的市场潜力。

（2）审核资料的齐备性、完整性、准确性、时效性、真伪性等内容，把零碎的、杂乱的、分散的资料进行“去伪存真、去粗取精”筛选。

（3）将从问卷星平台收集的问卷结果进行分类整理。

（4）将分类整理的资料进行汇总和编辑，使之成为反映调查对象总体情况的系统、完整、集中、简明的材料。

（5）将已经整理好的资料进行统计，有系统地制成各种计算表、统计表、统计图，对各项资料中的数据和事实进行比较分析，以反映大学生对螺蛳粉的喜爱程度和螺蛳粉的市场潜力。

（二）资料的分析方法

（1）遵循针对性、完整性、客观性、动态性的原则，对收集到的资料进行可靠性和代表性的分析。

（2）采用定性分析和定量分析（比较法和分类法）相结合的方法，对收集到的资料进行全面的分析，使其更准确地反映被调查者的各种情况。

（七）说明调查时间进度安排

在实际调查活动中，根据调查范围的大小不同，所用时间不等，但一般为一个月左右。基本原则如下。

（1）保证调查的准确性、真实性，不“走马观花”。

（2）尽早完成调查活动，保证时效性，同时也节省费用。一般情况下，调查过程安排如下。

第一周：准备，与客户商讨、确认计划建议书，进行二手资料的收集，了解行情，设计问卷。

第二周：试调查，修改、确定问卷。

第三周：具体实施调查。

第四周：进行数据处理。

第五周：编写报告，结束调查。

通常，在安排各个阶段的工作时，调查人员还应具体详细地安排需要做哪些事务，由何人负责，并提出注意事项，所以需要制作时间进度表。

注意：计划应该设计得有一定的弹性和余地，以应付可能出现的意外事件。

（八）说明经费预算开支情况

调查费用根据调查工作的种类、范围不同而不同。当然，即使同一种类，也会因质量要求差异而不同，不能一概而论。

一般市场调查时间大都紧张，如果提前完成调查结果，则费用可能会减少；另外，企业也应给予充分的经费，以保障调查的成功。

根据若干市场调查案例，我们可以总结出一般的经费预算比例，即策划费20%、访问费40%、统计费30%、报告费10%。若为受托代理的市场调查，则需加上全部经费的20%~30%作为服务费，这一部分是税款、营业开支及代理公司应得的利润。

（九）说明市场调查结果的表达形式

确定市场调查结果的表达形式，如最终报告是书面报告还是口头报告，是否有阶段性报告等。

案例 2－9

“关于××大学螺蛳粉消费情况调查方案”的调查结果表达形式编写

本次报告的形式是书面调查报告，以所搜集的资料为基础，再进一步整理和分析收集来的资料并做全面的分析，更准确地体现数据反映的情况。

（十）附录部分

附录部分指明抽样方案的技术说明和细节说明，包括调查问卷设计中有关的技术参数、数据处理方法、所采用的软件等。

任务实施

经过前期的信息收集和分析处理，小张他们已经明确掌握了该服装公司的调查意图，并通过沟通对委托方需要调查的信息内容了然于胸，接下来他们需要将这些内容以市场调查方案的形式展示出来。

实施要点：

（1）确定调查方案的名称及调查双方的准确信息。

（2）确定调查方案的基本框架和具体内容。

（3）确保该调查方案与委托方要求的调查目标和内容一致。

（4）具有市场可操作性。

任务评价

评价标准：该任务主要考核学生设计调查方案时对市场调查方案基本知识的掌握程度，包括框架、编写要求等；对调查方案整体撰写的完整性和准确性的把握；学生的团队配合意识和沟通能力等。总分值 100 分，具体分配见表 2-2 所列。

表 2-2　市场调查方案设计任务评价表（二）

序　号	评价项目	评价分值	得　分
1	市场调查方案设计结构的完整性	25 分	
2	市场调查方案设计目标把握的准确性	25 分	
3	市场调查方案撰写的语言通顺、流畅	30 分	
4	市场调查方案设计的可实施性、可操作性	20 分	

任务检测

1. 简述市场调查总体方案设计的内容。
2. 在进行市场调查方案编写时，要把握的基本格式是什么？
3. 如何判断市场调查方案的可实施性？

码上刷题

任务三　评价市场调查方案

任务描述

可行性研究是科学决策的必经阶段，也是科学设计调查方案的重要步骤。因此，调查方案的设计也不是一次完成的，而是要经过必要的可行性研究，对方案进行试点、修改和评价。

市场调查方案的修订与可行性研究

理论准备

一、调查方案的可行性研究方法

在对复杂社会经济现象进行的调查中，所设计的调查方案通常不是唯一的，需要从多个调查方案中选取最优方案。同时，调查方案的设计也不是一次完成的，而要经过必要的可行性研究，对方案进行试点和修改。可行性研究是科学决策的必经阶段，也是科学设计调查方案的重要步骤。对调查方案进行可行性研究的方法有很多，下面主要介绍逻辑分析法、经验判断法和试点调查法。

（一）逻辑分析法

逻辑分析法是检查所设计的调查方案的部分内容是否符合逻辑和情理。例如，要调查某城市居民的消费结构，而设计的调查指标却是居民消费结构或职工消费结构，按此设计所调查出的结果就无法满足调查的要求，因为居民包括城市居民和农民，城市职工也只是城市居民中的一部分。显然，居民、城市居民和职工三者在内涵和外延上都存在着一定的差别。又如，对于学龄前儿童，要调查其文化程度；对于没有通电的山区要进行电视广告调查等，都是有悖于情理的，也是缺乏实际意义的。

需要注意的是，逻辑分析法可对调查方案中的调查项目设计进行可行性研究，而无法对其他方面的设计进行判断。

（二）经验判断法

经验判断法，即组织一些具有丰富调查经验的人士，对设计出的调查方案加以初步研究和判断，以说明方案的可行性。例如，对劳务市场中的保姆问题进行调查，就不宜采用普查方式，而适合采用抽样调查；对于棉花、茶叶等集中产区的农作物的生长情况进行调查，就适宜采用重点调查等。经验判断法能够节省人力和时间，在较短的时间内做出结论。但这种方法也有一定的局限性，这主要是因为人的认识是有限的、有差异的，事物在不断发生变化，各种主客观因素都会对人们判断的准确性产生影响。

（三）试点调查法

试点调查是整个调查方案可行性研究中的一个十分重要的步骤，对于大规模市场调查来讲尤为重要。试点调查的目的是使调查方案更加科学和完善，而不仅是搜集资料。

试点调查也是一种典型调查，是“解剖麻雀”式的调查方法。从认识的全过程来说，试点调查是从认识到实践，再从实践到再认识，兼备了认识过程的两个阶段。因此，试点调查具有两个明显的特点，一是实践性，二是创新性，两者互相联系、相辅相成。试点调查正是通过实践把客观现象反馈到认识主体，以便起到修改、补充、丰富、完善主体认识的作用。同时，通过试点调查，还可以为正式调查取得实践经验，并把人们对客观事物的了解推进到一个更高的阶段。

1.试点调查的任务

具体来说，试点调查的任务主要有以下两个。

（1）对调查方案进行实地检验。调查方案的设计是否切合实际，还要通过试点调查进行实地检验，检查目标制订得是否恰当、调查指标设计是否正确、哪些需要增加、哪些需要减少、哪些说明和规定要修改和补充。试点调查结束后，要分门别类地提出具体意见和建议，使调查方案的制订既科学合理，又解决实际问题。

（2）作为实战前的演习。试点调查可以了解调查工作安排是否合理，哪些是薄弱环节，把分散的经验集中起来，形成做好普查工作的各项细则，成为各个阶段、各项工作应当遵循的规则。

2.试点调查的注意事项

试点调查应注意以下几个问题。

（1）应建立一个精干有力的调查队伍，队伍成员包括有关领导、调查方案设计者和调查骨干，这是搞好试点工作的组织保证。

（2）应选择适当的调查对象。要选择规模较小、代表性较强的试点单位。必要时可采取少数单位先试点，再扩大试点范围，然后全面铺开的做法。

（3）应采取灵活的调查方式和方法。调查方式和方法可以多用几种，经过对比后，从中选择适合的方式和方法。

（4）应做好试点的总结工作。要认真分析试点的结果，找出影响调查成败的主客观原因。不仅要善于发现问题，还要善于结合实际探求解决问题的方法，充实和完善原调查方案，使之更加科学和易于操作。

二、调查方案的评价

对于一个调查方案的优劣，可以从以下角度加以评价。

市场调查方案的评价

（一）调查方案设计是否体现调查目的和要求

调查方案设计是否基本上体现了调查的目的和要求，这一条是最基本的。例如，第三次工业普查的目的是要查清重要国情国力指标的规模和现状，查清工业的所有制结构、行业结构、产品结构、技术经济结构状况，为实施中长期工业发展规划、调整结构、提高效益提供决策依据。

案例 2-10

L食品股份有限公司的市场调查

L食品股份有限公司曾委托一家市场调查公司进行市场调查。由于事先没有明确调研目的，市场调查公司就按照一般的营销调研去开展工作了。调研执行过程当中也只是设计了一份简单的营销调研表格，在单个城市进行街头拦截访问。尽管这个访问涉及消费者购买行为、消费者购买的品牌选择、消费者的使用行为、消费群体特征、品牌传播、产品形态与包装、现用品牌的满意程度、产品概念、现用产品评价、渠道、价格、促销等几乎所有的营销因素，但这并不能准确地描绘国内食品的基本面貌。等到调研报告递上来后，L公司才发现自己真正关心的问题依然没有得到答案，这次市场调查白白浪费了大量的时间。

（二）调查方案设计是否科学、完整和适用

例如，第三次工业普查主要是查清工业资产底数，主要工业产品产量、生产能力分布和能力利用状况，资源配置、市场容量和供需平衡状况，主要生产设备拥有量、工艺装备的技术状况，主要工业产品生产成本、价格及营利状况；加强企业管理的基础工作，为建立现代企业制度、实行科学管理、走向市场，为改革工业统计调查体系、推行抽样调查方法和提高统计数据质量创造条件。因此其特点是全面、系统和配套，适用性较强。

（三）调查方案设计能否使调查数据质量有所提高

影响调查数据质量高低的因素是多方面的，但调查方案设计是否科学、可行，对最后的调查数据质量有直接的影响。

（四）调查实效检验

评价一项调查方案的设计是否科学、准确，最终还要通过调查实施的成效来体现，即必须通过调查工作的实践检验，来观察方案中哪些符合实际，哪些不符合实际，产生的原因是什么，肯定正确的做法，找出不足之处并寻求改进方法，这样就可以使今后的调查方案设计更加接近客观实际。

任务实施

小张所在的项目组已经根据委托方的需求设计了市场调查方案，但为了确保方案的最优化，将从多个方面进行方案评价和审核，以保障委托方的利益最大化。

实施要点：

（1）确保制订的市场调查方案的对象和现实一致性。

（2）确保方案的项目具有完整性，与委托方的意愿一致。

（3）确保方案的实施具有市场可操作性。

任务评价

评价标准：该任务主要考核学生对调查方案主题把握的准确性，能否将其与调查方案统一起来；学生的团队配合、沟通能力；学生对现实条件的分析能力等。总分值 100 分，具体分配见表 2-3 所列。

表 2-3　市场调查方案设计任务评价表（三）

序　号	评价项目	评价分值	得　分
1	市场调查方案结构的完整性	20 分	
2	市场调查方案设计体现目标和要求	20 分	
3	市场调查方案实施的合理性	30 分	
4	市场调查方案的逻辑性	30 分	

任务检测

1. 简述对调查方案进行可行性研究的方法。
2. 什么是经验判断法？
3. 如何对市场调查方案进行评价？

码上刷题

项目回顾

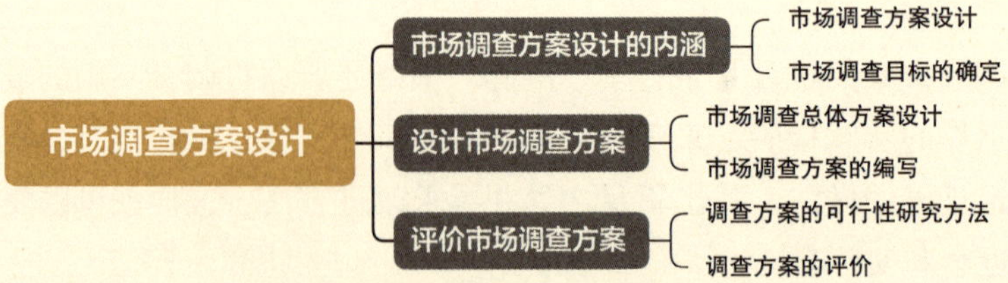

实战演练

实训目标	1.掌握市场调查方案设计的内容、意义和相关注意事项。 2.能够结合实际市场中的工作情境，设计一份完整、合理、可行的市场调查方案。
实训要求	以学生所在学校校园市场为背景环境，选择某一类产品进行校园市场的信息探测，对所选产品的校园市场开拓或发展提供一定的数据及其他信息资料，以此为背景设计一份市场调查方案。 具体要求： 1.按班级人数 4~6 人/组，分成若干实训小组。 2.分组讨论校园内常见的产品在销售前需调查的内容。每组在其组长的带领下进行调查产品、调查目的及内容的确定，整体调查内容应能够体现整个团队的意愿。 3.以此为基础设计一份完整的调查方案。
实训成果	1.小组分工明确，所选调查对象可执行。 2.小组成员开展信息搜集的途径和方法有多种，信息收集种类有效、数量丰富。 3.小组在设计市场调查方案过程中严格遵循设计程序，按照方案的整体结构，科学地进行设计，整个方案具有可实施性。

项目三　市场调查方式和方法

市场调查方式和方法资源库

项目概述

在组织实施市场调查活动之前，首先需要设计出一份详细的市场调查方案，作为指导调查活动顺利开展的“计划书”或“操作手册”。在设计撰写市场调查方案时，确定市场调查方式和方法是最重要的内容之一，选择恰当的市场调查方式和正确的市场调查方法，是确保市场调查活动能够顺利实施，资料的收集科学高效的前提。

市场调查的方式有普查和抽样调查两种，市场调查的方法根据收集资料性质的不同，有文案调查法和实地调查法两大类。选择何种方式、哪种方法，要根据具体的市场调查主题和调查内容来确定。

学习目标

知识目标

1.理解抽样调查的基本概念和不同类型。

2.掌握抽样调查的不同抽样技术。

3.了解文案调查法、实地调查法的含义和区别。

4.了解实地调查法的作用和不同类型。

5.掌握观察调查法、访问调查法、实验调查法的实施步骤和技巧。

能力目标

1.能够根据市场调查主题的实际情况，选取合适的市场调查方式和抽样技术。

2.能够运用文案调查法收集与调查主题和调查目的相关的二手资料，并进行整理。

3.能够运用实地调查法中的观察调查法、访问调查法等方法收集一手资料，并进行整理。

思政目标

1.培养“理论联系实际”的实践精神，能够根据实际情况选择合适的工作方式和方法。

2.培养乐于分享学习成果、协作解决问题的良好习惯。

3.培养不怕苦、不怕累，精益求精的劳动精神。

思政小故事

中国消费者需要什么样的快餐？

快餐不是一个新话题，却是最近几年的一个热门话题。国外的快餐不仅进入北京、上海等城市，而且开始在其他城市如雨后春笋般飞速布点，安家落户。麦当劳、肯德基等西式快餐店曾宣称“从孩子抓起，彻底改变中国人的饮食习惯”。如若果真如此，不仅中式快餐危在旦夕，就是素以“色、香、味”俱全获得世界各国人民称道的中国菜也会面临有一天从中国人餐桌上消失的危险。

如今人们的生活节奏发生改变，工作习惯也在变化，肯德基、麦当劳成为日常聚会、节日庆祝的常用地点，越来越多的人开始在不自觉中和快餐结了缘。

针对此现象，零点调查中心在北京、上海、广州、武汉、沈阳五个城市对中国的快餐业做了一次深入调查。调查中心向每一个城市发放了300份问卷，由调查人员随机入户访问。调查结果显示：常吃快餐的人中，吃中式快餐的人数是吃西式快餐的1倍；29.3%的人在过去一个月中没有吃过快餐；8.3%的人说吃过，但实在记不得吃了几次和在什么地方吃的；对于剩下那些吃过快餐的人来说，在过去的一个月中平均吃过9.6次。结果表明，尽管西式快餐的声势强大，但是人们最常吃的快餐还是米饭套餐。22.18%的被调查者首选米饭套餐；西式的汉堡包位居第二，占21.57%；饺子、馄饨及其他面食占18.52%；中式小吃占14.18%；薯条占2.06%；中式面条占10.06%；西式面条占0.53%；西式烤鸡占5.03%；比萨饼占0.99%；中式烤鸡占1.22%；其他各类占3.66%。

不同年龄段的人对快餐的选择同样不同。12~30岁的青少年、青年偏爱汉堡包、薯条、比萨饼等，尤其以20岁以下的青少年最为突出；60岁以上的老年人偏爱中式套餐中的面条、馄饨等，部分南方人倾向于米饭类；青年人和中年人多在中午和晚上吃快餐，而老年人多在早晨吃快餐；年龄最小的和年龄最大的两类人似乎对下午的休息附带快餐和夜宵更感兴趣。

不同类型企业中供职的员工对快餐的选择居然也有一些差异：国有企业员工在早餐时吃快餐的比例明显高于其他各类企业；三资企业员工早餐吃快餐的比例最小；三资企业和私营企业晚餐吃快餐的比例最高。

在受调查的1 309人中，喜欢西式快餐的占33.69%，其余喜欢中式快餐，不过不同的城市还有一些区别：北京市的被调查者有58.67%常吃西餐，其中女性比男性更爱吃西餐；上海市42.5%的人首选西餐，而且30岁以下吃快餐的人数是30岁以上的1倍；广州、武汉具有相似的特征，常吃西餐者占27.50%；沈阳市吃快餐的人数少一些，只有16.12%。

消费者在选择快餐过程中，还会有一些侧重、偏爱。94.46%的人会较多考虑卫生程度；75.38%的人考虑口味；62.56%的人关心就餐环境；51.17%的人要求较好的服务水平；40.6%的人考虑价格；13.03%的人会把快餐和正餐分开，吃快餐并不会影响适时的正餐。

由此案例可以看出，零点调查中心之所以能够在有限的资源和时间内，通过市场调查收集到几个城市不同类型消费者的真实数据，正是由于采取了科学适用的市场调查方式和方法。因此，要想达成市场调查方案中设定的目标，调查清楚具体的市场调查项目和内容，选择正确的市场调查方式和方法是基础。

（资料来源：编者根据相关资料整理）

项目导入

小张所在的项目组经过前期的分析和讨论，已经初步明确了本次围绕××休闲服装市场开展调查的调查意图、调查对象、调查内容等。接下来，需要为正在撰写的市场调查方案确定下一项重要内容：市场调查的方式和方法。

任务要点：

1.小张如何根据本次调查的主题和意图，明确调查对象、调查任务和调查资料的性质？

2.怎样根据调查对象、调查任务和调查资料的性质，选择收集资料的方式和方法？

3.怎样结合普查和抽样调查两种调查方式的优缺点来确定使用的抽样技术？

4.最后，小张在分析不同调查方法的优缺点和可行性的基础上，如何为本次调查选择合适的调查方法，以确保调查在组织实施过程中能收集到完整、高效的市场信息资料？

任务一　市场调查方式——抽样调查

任务描述

市场调查方式是指收集市场信息和资料的方式，主要有普查和抽样调查两种。普查是对调查总体中所有个体进行全面、普遍的调查，也称为总体统计，如在全国范围内开展的人口普查、经济普查等。但在实际调查研究中，由于人力、物力、时间、空间的局限性，开展总体的普查是相当困难的。取而代之的便是通过对总体中的一部分进行抽样分析来解释总体的特征，这种从总体中选取一部分进行分析的方法叫作抽样。

案例 3－1

武汉市民幸福度调查

“您对现在的生活状态满意吗？”“您对武汉市最不满意的是什么？”今年暑假，武昌理工学院生命科学学院的 8 名同学组队，针对“武汉市民幸福度”进行调查。经过一个多月的走访、问卷调查和研究分析，他们撰写出近 9 万字的调研报告，报告显示武汉市近七成居民对自己的生活状态比较满意，25.27% 的人认为自身幸福度在 80 分以上。调研期间，该实践小分队深入武汉市各区广场、公园、公司、社区、商业区等地采样，调查对象涵盖各年龄层次和高中低收入群体。据活动负责人彭颖介绍，他们共投放问卷 700 份，回收 624 份，并随机抽取 500 份有效问卷作为样本进行分析。

通过问卷中市民对自身幸福度的打分来看，25.27% 的人自我评价幸福度为 81~100 分，41.94% 的人为 71~80 分，而打分在 71 分以上者占所有受访者的 67.21%，表明近七成市民对自己的生活状态比较满意。但还有部分市民对自己的幸福度很不满意：有 9.67% 的受访者对自己幸福度的打分低于 60 分，有 23.12% 的人打分在 61~70 分。这表明有超过三成的居民对自己目前的生活状态不太满意。

彭颖说，他们通过调查发现，影响武汉市民幸福度的因素由大到小依次为：家庭月收入、交通、房价、教育、市容市貌、医疗费用、食品药品安全、消费水平等。

理论准备

一、抽样调查概述

（一）抽样调查的含义

抽样调查是指一种专门组织的非全面调查。它是按照一定方式，从调查总体中抽取部分样本进行调查，用所得的结果说明总体情况的调查方法。抽样调查是现代市场调查中的重要组织形式，是目前国际上公认和普遍采用的科学的调查手段。抽样调查的理论依据是概率论，概率论中诸如中心极限原理等一系列理论，为抽样调查提供了科学的依据。

（二）抽样调查的优缺点

市场调查方式——抽样调查

1. 优点

（1）从经济上说，抽样调查节约人力、物力和财力。

（2）抽样调查更节省时间，具有较强的时效性。

（3）抽样调查具有较强的准确性。

（4）通过抽样调查，可使资料搜集的深度和广度都大大提高。

2. 缺点

（1）抽样调查通常只能提供总体的一般资料，而缺少详细的分类资料。

（2）在一定程度上，抽样调查难以满足对市场经济活动分析的需要。

（3）当抽样数目不足时，将会影响调查结果的准确性。

（三）抽样调查中的术语

1. 总体和样本

总体是指所要调查对象的全体。样本是抽样总体的简称，是从总体中抽选出来所要直接观察的全部单位。例如，调查某学校学生的平均月生活费收入和支出，可以按抽样调查理论从全体学生中抽取部分学生了解，那么全校学生就是总体，抽取的部分学生就是抽样总体，即样本。

2. 抽样框

抽样框是指供抽样所用的所有的调查单位的详细名单。例如，要从 1 万名职工中抽出 200 名组成一个样本，则 1 万名职工的名册就是抽样框。抽样框一般可以使用现成的名单，如户口、企业名录、企事业单位职工的名册等。在没有现成的名单的情况下，可由调查人员自己编制。应该注意的是，在利用现有的名单作为抽样框时，要先对该名单进行检查，避免有重复、遗漏的情况发生，以提高样本对总体的代表性。

3. 重复抽样和不重复抽样

重复抽样又称回置抽样，是一种在全体或总体中允许多次重复抽取样本单位的抽选方法，即从总体中随机抽出一个样本，将它再放回去，使它仍有被抽到的可能性。在整个抽样过程中，总体单位数保持不变，被抽中的样本单位的概率也是完全相同的。

不重复抽样又称不回置抽样，即先被抽选的单位不再放回全体或总体中去，一经抽出，就不会再有第二次被抽中的机会。在抽样过程中，样本总数逐渐减少。

4. 抽样技术

抽样技术是指在抽样调查时采用的一定方法，是抽选具有代表性的样本及各种抽样操作技巧和工作程序的总称。选择不同的抽样技术可以使抽取的样本更具有代表性。

5. 抽样误差

在市场调查中，无论采用普查还是抽样调查的方式，都可能产生误差。抽样误差是指样本调查结果和总体客观实际情况之间的出入和差数，这是由抽样这种调查形式所引起的误差。在抽样方式和总体既定的前提下，抽样误差的大小主要取决于抽样数目的多少。在抽样调查中，抽样误差是不可避免的，但可以通过科学的抽样方法控制抽样数目来尽量减少这种误差。

二、抽样调查的程序

为确保抽样调查顺利完成，减少抽样误差，抽样调查要按一定的程序进行，一般分为以下几个步骤，如图 3-1 所示。

图 3-1　抽样调查的程序

（一）界定总体

界定总体就是在具体抽样前，首先对从中抽取样本的总体范围与界限作明确的界定。一方面，这是由抽样的目的所决定的。因为抽样虽然只对总体中的一部分个体实施，但其目的却是描述和认识总体的状况与特征，是发现总体中存在的规律性，因此必须事先明确总体的范围。另一方面，界定总体是达到良好的抽样效果的前提条件。如果不清楚明确地界定总体的范围与界限，那么，即使调查人员采用严格的抽样方法，也可能抽取出对总体严重缺乏代表性的样本。

（二）制定抽样框

依据已经明确界定的总体范围，收集总体中全部抽样单位的名单，并通过对名单进行统一编号来建立供抽样使用的抽样框。例如，如果我们要在某大学进行一项该校大学生职业观的抽样调查，那么，第一步是要先对总体进行界定。比如，本次调查的总体是该大学所有在读的全日制本科生和研究生。而制定抽样框这一步的工作，就是要收集全校各系所有在读本科生及研究生的花名册，并按一定的顺序将全部花名册上的名单统一编号，形成一份完整的、既无重复又无遗漏的总体成员名单，即抽样框，从而为下一步抽取样本打下基础。

（三）决定抽样方法

不同的抽样方法都有自身的特点和适用范围。因此，对于具有不同研究目的、不同范围、不同对象和不同客观条件的社会研究来说，所适用的抽样方法也不一样。这就需要我们在具体实施抽样之前，依据研究目的的要求、各种抽样方法的特点，以及其他有关因素来决定具体采用哪种抽样方法。除了抽样方法的确定以外，还要根据要求确定样本的规模以及主要目标量的精确程度。

（四）抽取样本

实际抽取样本的工作就是在上述几个步骤的基础上，严格按照所选定的抽样方法，从抽样框中抽取一个个的抽样单位，构成样本。依据抽样方法的不同，以及依据抽样框是否可以事先得到等因素，实际的抽样工作既可能在调查人员到达实地之前就完成，也可能需要到达实地之后才能完成。也就是可以先抽好样本，再直接按预先抽好的对象进行调查或研究；也可能一边抽取样本，一边开始调查或研究。

（五）样本评估推断总体

样本的抽取并不是抽样过程的结束，完整的抽样过程还应包括样本抽出后对样本进行的评估工作和最后进行总体的推断。所谓样本评估，就是对样本的质量、代表性、偏差等进行初步的检验和衡量，其目的是防止由于样本的偏差过大而导致的失误。推断总体是指用样本指标推断总体指标，这也是抽样调查的目的所在。

三、抽样调查的技术方式

在实施抽样调查的工作时，有两种技术方式可选择，一种是随机抽样技术，另一种是非随机抽样技术，它们是在抽样调查中能够选择使用的具体抽样调查方法。

（一）随机抽样

随机抽样是按照随机原则抽取样本，即在总体中抽取单位时，完全排除了人的主观因素的影响，使每一个单位都有同等的可能性被抽到。遵守随机原则，一方面可使抽取出来的部分单位的分布情况（如不同年龄、文化程度的人员比例等）有较大的可能性接近总体的分布情况，从而使根据样本所作出的结论对总体研究具有充分的代表性；另一方面，遵循随机原则，可有助于调查人员准确地计算抽样误差，并有效地加以控制，从而提高调查的精度。随机抽样有简单随机抽样、系统抽样、分层抽样三种方式，如图 3-2 所示。

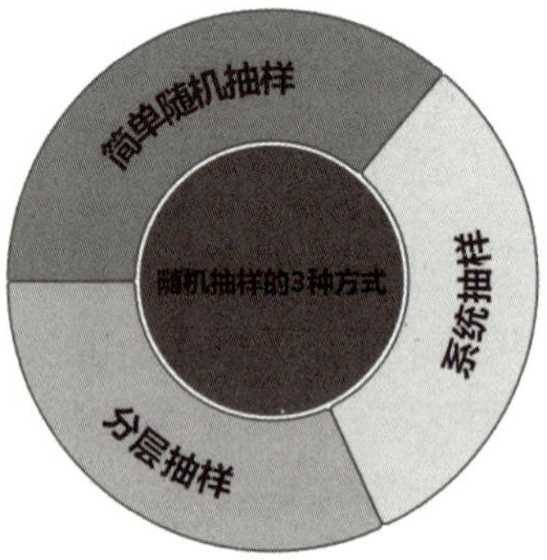

图 3-2　随机抽样的 3 种方式

1.简单随机抽样

简单随机抽样是一种最简单、最基本的抽样方法。抽样中选取个体的方法有两种：放回和不放回。一般在抽样调查中用的是不放回抽取。从元素个数为N的总体中不放回地抽取容量为n的样本，如果每一次抽取时总体中的各个个体被抽到的可能性是相同的，那么这种抽样方法叫简单随机抽样。这样抽取的样本，叫作简单随机样本。

（1）简单随机抽样的特点。

①被抽取样本的总体个数N是有限的。

②简单随机样本数n小于等于样本总体的个数N。

③从总体中逐个进行抽取，使抽样便于在实践中操作。

④采用不放回抽取，这使其具有广泛应用性。

⑤每一次抽样时，每个个体等可能地被抽到，保证了抽样方法的公平性。

（2）简单随机抽样实施抽样的方法。

①抽签法。抽签法的优点是简单易行，缺点是当总体的容量非常大时，费时、费力又不方便，若标号的纸片或小球搅拌得不均匀还可能导致抽样的不公平。

抽签法的步骤如下。

a.将总体中的N个个体编上号码。

b.把这N个号码写在形状、大小相同的号签上。

c.将号签放在同一箱中，并搅拌均匀。

d.从箱中每次抽取一个号签，连续抽取n次。

e.将总体中与抽到的号签的编号一致的n个个体取出。

②随机数表法。随机数表，即表中每个位置上等可能出现0，1，2，…，9这十个数字的数表。随机数表中各个位置上出现各个数字的等可能性，决定了利用随机数表进行抽样时抽取到总体中各个个体序号的等可能性。

随机数表法的步骤如下。

a.将总体的个体编号（每个号码的位数一致）。

b.在随机数表中任选一个数字作为开始。

c.从选定的数开始按一定的方向读下去，若得到的数码在编号中，则取出；若得到的号码不在编号中或前面已经取出，则跳过，如此继续下去，直到取满为止。

2.系统抽样

当总体中的个体较多时，将总体分成均衡的若干部分，然后按照预先制定的规则，从每一部分中抽取一个个体，得到所需要的样本，这样的抽样方法称为系统抽样。

（1）系统抽样的特点。

①当总体容量N较大时，采用系统抽样。

②将总体分成均衡的若干部分指的是将总体分段，分段的间隔要求相等。因此，系统抽样又称等距抽样。

③预先制定的规则指的是：在第1段内采用简单随机抽样确定一个起始编号，在此编号的基础上加上分段间隔的整倍数即为抽样编号。

（2）系统抽样的步骤。

先将总体从1~N相继编号，并计算抽样距离K：$K=N/n$。式中，N为总体单位总数，n为样本容量。然后在1~K中抽取随机数k，作为样本的第一个单位，接着取k+K，k+2K，…，直至抽够n个单位为止。

3.分层抽样

当总体由有明显差别的几个部分组成时，为了使抽取的样本更好地反映总体的情况，可将总体中各个个体按某种特征分成若干个互不重叠的几部分，每一部分叫作层，在各层中按层在总体中所占比例进行简单随机抽样或系统抽样，这种抽样方法叫作分层抽样。分层抽样是一种实用、操作性强、应用比较广泛的抽样方法。

（1）分层抽样的特点。

①适用于总体是由有明显差别的几部分组成时的情况。

②分层抽样对各个个体来说被抽取的可能性相同。

（2）分层抽样的优点。

①样本具有较强的代表性。

②在各层抽样时，可灵活地选用不同的抽样方法。

（3）分层抽样的步骤。

①将总体按一定的标准分层。

②计算各层的个体数与总体的个体数的比。

③按各层个体数占总体的个体数的比确定各层应抽取的样本容量。

④在每一层进行抽样（各层可以按简单随机抽样或系统抽样的方法抽取）。

案例 3-2

李维斯公司的分层市场调查

李维斯公司是以生产牛仔裤而闻名世界的。20世纪40年代末期，李维斯公司的销售额仅为800万美元，但到20世纪80年代销售额达到20亿美元，40年间增长了250倍。这主要得益于他们的分层市场调查。该公司设有专门负责市场调查的机构，调查时应用统计学、行为学、心理学、市场学等知识和手段，按不同国别分析研究消费者的心理差异和需求差别，分析研究不同国别的经济情况的变化、环境的影响、市场竞争和时尚趋势等，并据此制订公司的服装生产和销售计划。例如，1974年李维斯公司对联邦德国市场的调查表明，大多数顾客认为服装合身是首选条件，为此，李维斯公司随即派人在该国各大学和工厂进行服装合身测验。一种颜色的裤子就定出了45种尺寸，因而扩大了销售。李维斯公司根据美国市场调查结果，了解到美国青年喜欢合身、耐穿、价廉、时髦的服装，为此将这四个要素作为产品的主要目标，因而该公司的产品在美国青年市场中长期占有较大的份额。近几年，李维斯公司通过市场调查，了解到许多美国女青年喜欢穿男裤。为此，公司经过精心设计，推出了适合妇女需求的牛仔裤和便装裤，使该公司妇女服装的销售额不断增长。

虽然服装市场竞争激烈，但是李维斯公司靠分层市场调查提供的信息，确保了经营决策的正确性，使公司在市场竞争中处于不败之地。

下面是三种随机抽样方法的比较，见表 3－1 所列。

表 3－1　随机抽样方法比较

类　别	简单随机抽样	系统抽样	分层抽样
共同点	抽样过程中每个个体被抽到的可能性相等； 每次抽出个体后不再将它放回，即不放回抽样		
各自特点	从总体中逐个抽取	将总体均分成几部分，按事先确定的规则在各部分抽取	将总体分成n层，分层进行抽取
相互联系	—	在起始部分抽样时采用简单随机抽样	各层抽样采用简单随机抽样或系统抽样
适用范围	总体中个体数较少	总体中个体数较多	总体由差异明显的几部分组成

案例 3－3

三种随机抽样方法的说明

某种成品零件分装在 20 个零件箱装，每箱各装 50 个，总共是 1 000 个，如果想获取 100 个零件作为样本进行测试研究，则三种随机抽样方法的研究过程如下。

（1）简单随机抽样：将 20 箱零件倒在一起，混合均匀，并将零件从 1~1 000 编号，然后用查随机数表或抽签的办法从中抽出编号毫无规律的 100 个零件组成样本。

（2）系统抽样：将 20 箱零件倒在一起，混合均匀，并将零件从 1~1 000 编号，然后用查随机数表或抽签的办法先决定起始编号，按相同的尾数抽取 100 个零件组成样本。

（3）分层抽样：20 箱零件，每箱都随机抽取 5 个零件，共 100 个，组成样本。

（二）非随机抽样

非随机抽样是指抽样时不遵循随机原则，而是按照调查人员主观设立的某个标准抽选样本，即总体中的每个个体被抽取的机会是不均等的，是一种主观的抽样方式。在市场调查中，采用非随机抽样通常是出于以下几个原因：

（1）客观条件的限制，无法进行随机抽样。

（2）为了快速获得调查结果，提高调查的时效性。

（3）在调查对象不确定或无法确定的情况下采用，例如，对某一突发（偶然）事件进行现场调查等。

（4）总体各单位间离散程度不大，且调查人员具有丰富的调查经验时。

非随机抽样方式主要有三种：任意抽样、判断抽样、配额抽样，如图 3－3 所示。

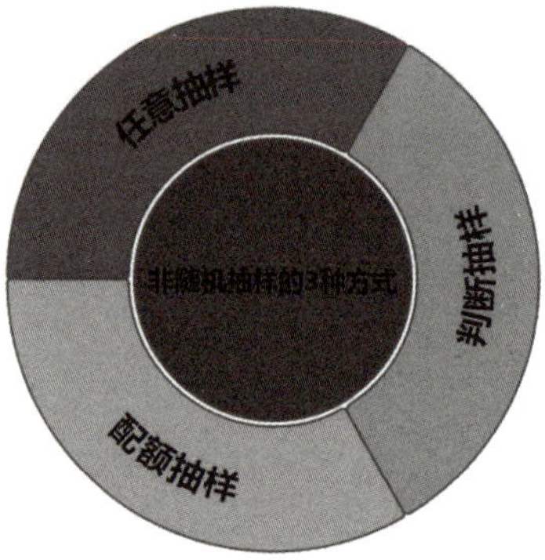

图 3-3　非随机抽样的 3 种方式

1. 任意抽样

任意抽样又称便利抽样，是根据调查者的方便与否来抽取样本的一种抽样方法。“街头拦人法”和“空间抽样法”是任意抽样的两种最常见的方法。“街头拦人法”是在街上或路口任意找某个行人，将其作为被调查者，进行调查。例如，在街头向行人询问其对市场物价的看法，请行人填写某种问卷等。“空间抽样法”是对某一聚集的人群，从空间的不同方向和方位对他们进行抽样调查，如在商场内向顾客询问对商场服务质量的意见，在劳务市场调查外来劳工打工情况等。

任意抽样简便易行，能及时取得所需的信息资料，省时、省力、节约经费，但抽样偏差较大，一般用于非正式的探测性调查，且只有在调查总体各单位之间的差异不大时，抽取的样本才具有较高的代表性。

2. 判断抽样

判断抽样又称为主观抽样，是指调查人员根据自己主观的想法和判断，选择那些符合自己要求的个体作为调查对象的一种抽样方法。

判断抽样要求调查人员经验丰富，对所研究的内容有深入的了解，否则就会出现抽取出的样本代表性极低的情况。这种抽样方法多用于总体边界无法确定或调查人员没有足够的时间与精力进行其他抽样的时候。

当调查人员经验丰富时，进行判断抽样能极大地降低抽样所需的时间和资金，且抽取出来的样本具有代表性、典型性，使调查人员能透过对所选样本的调查研究，了解、掌握整个总体的情况。但如果调查人员经验不够丰富、对研究内容不够了解，就会出现主观判断上的偏差，导致抽取出来的样本不够典型，影响调查结果对实际情况的反映。

案例 3－4

四川省城市患者就医行为现状调查

调查人员在对四川省城市患者的就医行为现状进行调查时，首先采用了非随机判断抽样的方法，主观选择了成都市、宜宾市、遂宁市这3个城市，作为抽取全省城市患者代表样本的来源。然后再采用分层随机抽样的方法，在成都市、宜宾市、遂宁市3个城市的中心城区分别抽取三级综合医院、二级综合医院、社区卫生服务中心、社区卫生服务站、私人诊所各1家，抽取门诊和住院患者共801名进行问卷调查。调查结果发现，城市患者对不同等级医疗机构的关注程度不同。选择三级医院是因为技术高和设备好，选择二级医院是因为定点单位，选择社区卫生服务中心/站和私人诊所是因为距离近、态度好和有信赖医生。通过调查，调查人员了解了四川省城市患者就医行为的现状，得出的结论是：各级医疗机构应重视技术、设备、服务和价格等方面的问题，改善诊疗服务质量，提升患者的就医依从性。

3.配额抽样

配额抽样是非随机抽样中最流行的一种，首先将总体中的所有单位按一定的标志分为若干类（组），然后在每一类（组）中用任意抽样或判断抽样方法选取样本单位。不同的是，配额抽样不遵循随机原则，而是主观地确定对象分配比例。

配额抽样方法简单易行，可以保证总体的各个类别都能包括在所抽样本之中，因此样本具有较高的代表性。但也应注意到这种方法具有一定的假设性，即假定具有某种相同特征的调查对象，其行为、态度与反应都基本一致，因此，对同一层内的调查对象，是否采取随机抽样就无关紧要了。由于抽样误差不大，只要问卷设计合理、分析方法正确，所得的结果同样值得信赖。此外，这种假设性是否得以成立，在很大程度上取决于调查者的知识、水平和经验。

案例 3－5

每天睡眠超8小时易患糖尿病

1.睡眠时间过长会导致智力下降

生活中，人们常抱怨自己睡得太少了，以致头昏脑胀，全身无力。因此，大部分人都会认为，消除疲劳就应该睡觉，睡觉越多，人的精神会越好。其实，这种观念是完全错误的。

中国睡眠协会的专家指出，睡眠时间过长与睡眠不足一样，都可导致神疲、体倦、代谢率降低。因为睡眠时间过长后，人的心脏的跳动便会减慢，新陈代谢率也同样会降得很低，而肌肉组织也会松弛下来。这样久而久之，人就会变得懒惰、软弱无力起来，甚至智力也会随之下降。因此，那种想用增加睡眠时间来获得健康的观念，不仅是不正确的，还会适得其反、缩短寿命。

2.每天睡眠超8小时易患糖尿病

除了缩短寿命之外，睡眠过多或过少，都会增加各种疾病。一项研究调查报告表明，睡眠时间太长或太短，都有可能诱发糖尿病。

这份研究调查报告，是研究人员对1 100多名中老年男性的睡眠情况进行了跟踪调查得出的，旨在查明睡眠时间与糖尿病之间的关系。在研究开始时，这些被调查者都没有患糖尿病。研究人员在考虑了年龄、血压、吸烟史和肥胖程度等因素后发现，每晚的睡眠时间在7~8小时的人，身体最为健康。然而，如果每晚睡眠时间不足6小时，患糖尿病的风险就会增加约2倍；如果每晚睡眠时间超过8小时，患糖尿病的风险则会增加3倍多。

任务实施

通过项目组对××休闲服装市场调查方案中调查意图、目的和内容的最终确认，小张同项目组其他成员将为此次调查活动选择恰当的市场调查方式和可行的市场调查方法，以确保后期收集市场信息和资料的完整、高效性。

实施要点：

（1）根据本次调查项目的具体调查目的和内容，选择采用抽样调查，初步筛选出几种抽样技术适用于本次调查活动。

（2）结合调查项目的具体情况，分析筛选得出不同抽样技术的优缺点。

（3）对确定使用的抽样调查技术进行最终的可行性论证，并最终确定本次项目使用的市场调查方式和方法。

任务评价

评价标准：该任务主要考核学生对调查目的和调查内容的分析理解能力；对抽样调查这种方式的科学认识和运用水平；根据具体调查情境选择恰当准确的抽样调查技术的能力。总分值100分，具体分配见表3-2所列。

表3-2　市场调查方式和方法任务评价表

序　号	评价项目	评价分值	得　分
1	调查目的和内容的分析理解	20分	
2	对抽样调查这种方式的科学认识与运用	30分	
3	根据具体调查情境选择恰当准确的抽样调查技术	50分	

任务检测

1.什么是抽样调查？它有哪些优缺点？

2.随机抽样和非随机抽样都有哪些不同的方式？

3.分层随机抽样的特点和实施步骤是什么？

码上刷题

任务二　市场调查方法——文案调查法

任务描述

市场调查工作的主要任务，是收集和研究与企业经营相关的各种市场信息资料。根据市场信息资料的来源不同，可分为一手资料（直接资料）和二手资料（间接资料）两大类。二手资料是指从各种文献中搜集到的现成资料，具体表现为各种文案资料。因此，收集二手资料的方法又被称为间接调查法或者文案调查法。文案调查法有快捷、简单、节省时间、节约费用等特点，并且来源较多、涉及面较广。但现成的文案资料也有滞后性和残缺性等特点。因此，在使用文案调查法收集二手资料时，要认清此方法的优缺点，遵守一定的工作程序和原则，以确保用此方法搜集到的二手资料能在市场调查中发挥最大的作用。

理论准备

一、文案调查法概述

（一）文案调查法的含义与特点

文案调查法是利用企业内部和外部的现有的各种信息、情报资料，对调查内容进行分析研究的一种调查方法。

文案调查法具有以下几个特点。

（1）文案调查是收集已经加工过的次级资料，而不是对原始资料的收集。

（2）文案调查以收集文献性信息为主，它具体表现为收集各种文献资料。

（3）文案调查所收集的资料包括动态和静态两个方面，尤其偏重于动态。

（二）文案调查法的作用

文案调查法的作用具体表现在以下四个方面。

文案调查法

1. 文案调查可以发现问题并为市场研究提供重要参考依据

（1）市场供求趋势分析。市场供求趋势分析即通过收集各种市场动态资料并加以分析对比，以观察市场发展方向。例如，根据某企业近几年的营业额年平均以15%的速度增长，由此可推测未来几年营业额的变动情况。

（2）相关和回归分析。相关和回归分析即利用一系列相互联系的现有资料进行相关和回归分析，以研究现象之间相互影响的方向和程度，并可在此基础上进行预测。

（3）市场占有率分析。市场占有率分析是指根据各方面的资料，计算出本企业某种产品的市场销售量占该市场同种商品总销售量的份额，以了解市场需求及本企业所处的市场地位。

（4）市场覆盖率分析。市场覆盖率分析是指用本企业某种商品的投放点与全国该种产品市场销售点总数的比较，反映企业商品销售的广度和宽度。

2.文案调查可为实地调查创造条件

（1）通过文案调查，可以初步了解调查对象的性质、范围、内容和重点等，并能提供实地调查无法或难以取得的市场环境等宏观资料，便于进一步开展和组织实地调查，取得良好的效果。

（2）文案调查所收集的资料还可用来证实各种调查假设，即可通过对以往类似调查资料的研究来指导实地调查的设计，用文案调查资料与实地调查资料进行对比，鉴别和证明实地调查结果的准确性和可靠性。

（3）利用文案调查资料并经过适当的实地调查，可以用来推算所需掌握的数据资料。

（4）利用文案调查资料，可以帮助探讨现象发生的各种原因并进行说明。

3.文案调查可用于有关部门和企业进行经常性的市场调查

实地调查与文案调查相比，更费时、费力，组织起来也比较困难，故不能或不宜经常进行。而文案调查如果经调查人员精心策划，尤其是在建立企业及外部文案市场调查体系的情况下，具有较强的机动性和灵活性，随时能根据企业经营管理的需要，收集、整理和分析各种市场信息，定期为决策者提供有关市场调查报告。

4.文案调查不受时空限制

从时间上看，文案调查不仅可以掌握现实资料，还可获得实地调查所无法取得的历史资料；从空间上看，文案调查既能对企业内部资料进行收集，又可掌握大量有关市场环境方面的资料。

（三）文案调查法的局限性

（1）文案调查法依据的主要是历史资料，过时资料较多，现实中正在发展变化的新情况、新问题难以得到即时的反映。

（2）文案调查法所收集、整理的资料和调查目的往往不能很好地吻合，数据对解决问题不能完全使用，收集资料时易有遗漏。例如，调查所需的是月度商品销售额资料，而企业所掌握的是全年商品销售额资料，尽管可计算平均月销售额，但精确度会受到影响。

（3）文案调查要求调查人员有较广的知识面、较高的专业技能。此外，文案调查所收集的二级资料的准确程度也较难把握，有些资料是由专业水平较高的人员采用科学的方法收集和加工的，准确度较高，而有的资料只是估算和推测的，准确度较低。因此，调查人员应明确资料的来源并加以说明。

案例 3－6

欧洲数据库

1989 年 11 月，捷克斯洛伐克发生“天鹅绒革命”，为这个国家的地下企业提供了千载难逢的机会。

革命前，大卫和杰克为一家运输公司工作，公司负责发运用本公司卡车运送的集装箱载货物，还在需要的时候安排铁道货车集装箱运输。杰克建议说，“我感觉将来会有很强的需求，要求获得关于生产特种商品和服务的新企业的信息；我们也应该能使用这些技巧开一家公司，给人们按时传递信息，告知他们提供需要的商品和服务的公司”。

与此同时，他们调查到斯蒂芬已经开办了和他们想法类似的企业。他们从斯蒂芬处得知公司运行以下经营方式：

（1）欧洲数据库的售货员与向公众提供商品和服务的企业保持联系，并且同意代理他们，向咨询有关商品和服务的人推荐他们的服务。根据公司规模和产品数量，他们向这些公司收取从 5 000 克朗到 30 000 克朗不等的代理费。他们不仅买卖这些公司的商品和服务，而且向旅游者提供旅游服务和食宿。有关委托公司的具体信息存在于他们在德国的数据库里，并且能够达到他们所有的外国客户。

（2）公司通过各种电话黄页、高速公路广告牌宣传自己的服务，发起了一个有关增氧健身法的电视秀，还在公交车和电车上做广告。

（3）公司还向消费者传递有关他们感兴趣的上市商品和服务的信息，这是通过使用下列通信方式实现的：一组电话接听员，每天在上午 7：00 到下午 7：00 接听咨询信息的电话；一家互联网站，提供同样的服务；压缩光盘，刻录有公司及其产品的信息。

调查之后，他们合伙开办了自己的公司即欧洲数据库。它是第一个，今天仍是唯一的信息服务商。

二、文案调查法收集资料的来源

文案调查应围绕调查目的，收集一切可以利用的现有资料。从企业经营的角度讲，现有资料包括企业内部资料和企业外部资料。因此，文案调查收集资料的渠道也主要是这两种。

（一）企业内部资料的收集

企业内部资料的收集主要是指收集企业经济活动的各种记录，包括以下四种。

1. 业务资料

业务资料包括与企业业务经济活动有关的各种资料，例如订货单、进货单、发货单、合同文本、发票、销售记录、业务员访问报告等。

2.统计资料

统计资料主要包括各类统计报表，企业生产、销售、库存等各种数据资料，各类统计分析资料等。

3.财务资料

财务资料反映了企业活动和物化管理占用和消耗情况及所取得的经济效益，通过对这些资料的研究，可以确定企业的发展前景，考核企业经济时效。

4.企业积累的其他资料

其他资料包括如平时剪报、各种调研报告、经验总结、顾客意见和建议、同业卷宗及有关照片和录像等。例如，根据顾客对企业经营商品质量和售后服务的意见，就可以对如何改进加以研究。

（二）企业外部资料的收集

对于企业外部资料，可从以下几个主要渠道加以收集。

（1）统计部门与各级各类政府主管部门公布的有关资料。国家统计局和各地方统计局都定期发布统计公报等信息，并定期出版各类统计年鉴，内容包括全国人口总数、国民收入、居民购买力水平等，这些均是很有权威和价值的信息，具有综合性强、辐射面广的特点。

（2）各种经济信息中心、专业信息咨询机构、各行业协会和联合会提供的市场信息和有关行业情报。这些机构的信息系统资料齐全、信息灵敏度高，为了满足各类用户的需要，它们通常还提供资料的代购、咨询、检索和定向服务，是获取资料的重要来源。

（3）国内外有关的书籍、报纸、杂志所提供的文献资料，包括各种统计资料、广告资料、市场行情和各种预测资料等。

（4）有关生产和经营机构提供的商品目录、广告说明书、专利资料及商品价目表等。

（5）各地电台、电视台提供的有关市场信息。近年来全国各地的电台和电视台为适应市场经营形势发展的需要，都相继开设了市场信息、经济博览等以传播经济、市场信息为主导的专题节目及各类广告。

（6）各种国际组织、外国使馆、商会所提供的国际市场信息。

（7）国内外各种博览会、展销会、交易会、订货会等促销会议以及专业性、学术性经验交流会议上所发放的文件和材料。

三、文案调查的方法

要想研究现有二手资料，必须先查找到这类资料。对于文献性资料来说，科学地查寻资料具有十分重要的意义。从某种意义上讲，文案调查方法也就是对资料的查寻方法，具体包括以下两种。

（一）参考文献查找法

参考文献查找法是利用有关著作、论文的末尾所开列的参考文献目录，或者是文中所提到的某些文献资料，以此为线索追踪、查找有关文献资料的方法。采用这种方法，可以提高查找效率。

（二）检索工具查找法

检索工具查找法是利用已有的检索工具查找文献资料的方法。依据检索工具的不同，检索方法主要分为手工检索和计算机检索两种。

1. 手工检索

进行手工检索的前提是要有检索工具。检索工具因收录范围、著录形式、出版形式不同而多种多样。例如，以著录方式来分类的主要检索工具有三种：一是目录，它是根据信息资料的题名进行编制的，常见的目录有产品目录、企业目录、行业目录等；二是索引，它是将信息资料的内容特征和表象特征录出，标明出处，按一定的排检方法组织排列，如按人名、地名、符号等特征进行排列；三是文摘，它是对资料主要内容所做的一种简要介绍，能使人们用较少的时间获得较多的信息。

2. 计算机检索

与手工检索相比，计算机检索不仅具有检索速度快、效率高、内容新、范围广、数量大等优点，而且还可打破获取信息资料的地理障碍和时间约束，能向各类用户提供完善的、可靠的信息。随着互联网的空前发展，市场调研主要依靠计算机通过互联网来检索信息。

应当指出的是，文案调查所收集的二级资料，有些十分真实、清楚、明了，可直接加以利用；而有些则杂乱无章且有失真情况发生，对此还应该经过加工和筛选，才能最终得出结论。

案例 3－7

利用网络进行文案调查

网络的概念是：为共同利益所建立的联系。全球信息网是互联网的一部分，它对市场人员来说可能有着特殊的用途，因为它集合了声音、图像和文本，可以直接与他人交流。

或许很多网站的一个缺点就是它们试图为所有的人提供所有东西。很多网站试图推广一种概念，即一个公司的信息可以传递给全世界的 2 000 万或 3 000 万人，像全球电视广播一样。然而，网络不同于电视、杂志和报纸，它是由用户自主选择的：用户自己选择访问哪个网站并选择他们想要的信息。

网站要想做得好，就要花大量的时间，而且必须保证信息是最新的。但是，由于缺乏有效的监管，一些虚假信息大量泛滥。因此，利用网络进行文案调查正确的做法是，收集到的信息应该经过多渠道求证，再用于调查实践。

任务实施

通过对服装公司本次市场调查目的和内容的进一步分析和确认，小张所在的市场调查项目组决定采用抽样调查的方式抽取调查对象。现在，需要确定的是市场调查的具体方法。他们决定使用文案调查法来收集一些对本次调查有用的二手资料。

实施要点：

（1）明确市场调查的主题和目标。

（2）分析文案调查法在本次调查中发挥的作用。

（3）确定文案资料的来源途径并开展资料收集。

（4）筛选并汇总有效的文案资料。

（5）根据文案资料提交分析报告。

任务评价

评价标准：该任务主要考核学生对文案调查法优缺点和作用的理解；根据调查主题和目的确定有效文案资料的范围和来源；按照文案调查法的工作程序掌握资料的收集和分析能力。总分值 100 分，具体分配见表 3－3 所列。

表 3－3　文案调查法任务评价表

序　号	评价项目	评价分值	得　分
1	理解文案调查法的特点和作用	20 分	
2	文案资料范围和来源的合理性和正确性	30 分	
3	文案调查法工作流程的正确性	20 分	
4	提交的文案资料分析报告完整有效	30 分	

任务检测

1. 文案调查法的特点和作用是什么？
2. 文案调查法的资料来源途径有哪些？
3. 文案调查法有何局限性？

码上刷题

任务三　市场调查方法——实地调查法

任务描述

运用文案调查法收集到的二手资料虽然节约时间和费用，但往往资料的针对性、真实性、适用性、时效性等不是很强。与二手资料相互依存、相互补充的就是一手资料，一手资料又称为原始资料，是指市场调查人员根据当前特定调查主题的需要，通过现场实地调查直接收集的资料，具有较强的客观性、时效性和准确性等特点。收集一手资料的市场调查方法叫作实地调查法，主要包括观察调查法、访问调查法、实验调查法等。

案例 3-8

两种市场调查资料收集方法

荣夏是××购物中心营销部的副主管，公司要求他制订一项旨在使服务具有可操作性的计划。这一计划的第一个阶段是建立一个系统，以不断追踪消费者对购物中心所提供服务的满意程度。根据以往的经验，他选择了他信任的两家调查公司来设计追踪消费者满意程度的调查系统。这两家公司拟采用不同的资料收集方法。第一家公司建议用电话采访收集必要资料。每月对400名消费者进行电话采访，经计算，该抽样方式所提供的消费者满意程度评估的结果有95%的把握，误差不超过5%。第二家公司建议通过邮寄调查收集必要资料。他们的理由有两条：第一，此方法成本低、质量高；第二，消费者在回信时比接受电话采访时更坦率。电话采访的月成本约为8 400元，邮寄方式的月成本约为6 900元。初步计算：邮寄调查的回收率为25%，即75%的人不回信，如果回信人的观点截然不同，那么调查结果就有偏差，不能真实代表顾客的意见。电话采访的回答率估计为70%。尽管电话采访仍存在很高的不回答率，但潜在的不回答者要少得多。另外，电话采访更快捷，大约两周内就可完成；邮寄调查则需六周时间。

理论准备

一、观察调查法

（一）观察调查法的含义

观察调查法是指调查员凭借自己的感官和各种记录工具，深入调查现场，在被调查者未察觉的情况下，直接观察和记录被调查者行为，以收集市场信息的一种方法。观察调查法简称观察法。

实地调查法

（二）观察调查法的特点

通过观察调查法，观察人员可以实地记录市场现象的发生，能够获得直接具体的生动材料，对市场现象的实际过程和当时的环境气氛都可以了解，这是其他方法不能比拟的。观察调查法不要求被调查者具有配合调查的语言表达能力或文字表达能力，因此适用性也比较强。观察调查法还有资料可靠性高、简便易行、灵活性强等优点。除此之外，观察调查法还有以下特点。

（1）观察调查法所观察的内容是经过周密考虑的，不同于人们日常生活中的出门看看天气、到公园观赏风景等个人兴趣行为，而是观察人员根据某种需要，有目的、有计划地搜集市场资料、研究市场问题的过程。

（2）观察调查法要求对观察对象进行系统、全面的观察。在实地观察前，应根据调查目的对观察项目和观察方式设计出具体的方案，尽可能避免或减少观察误差，防止以偏概全，提高调查资料的可靠性。因此，观察法对观察人员有严格的要求。

（3）观察调查法要求观察人员在充分利用自己的感觉器官的同时，还要尽量运用科学的观察工具。人的感觉器官特别是眼睛，在实地观察中能获取大量的信息。而照相机、摄像机、望远镜、显微镜、探测器等观察工具，不仅能提高人的观察能力，还能将观察结果记载下来，增加了资料的翔实性。

（4）观察调查法的观察结果是当时正在发生的、处于自然状态下的市场现象。市场现象的自然状态是各种因素综合影响的结果，没有人为制造的假象。在这样的条件下取得的观察结果可以客观真实地反映实际情况。

但观察调查法也有缺点，即只能观察到人的外部行为，不能说明其内在动机，观察活动受时间和空间的限制，被观察者有时难免受到一定程度的干扰而不完全处于自然状态等。总之，应用观察调查法要扬长避短，尽量减少观察误差。

（三）观察调查法的分类

观察调查法有直接观察和测量观察两种基本类型。

1. 直接观察

直接观察，即观察人员直接到商店、家庭、街道等处进行实地观察。一般是只看不问，不使被调查者感觉到在接受调查。这样的调查比较自然，容易得到真实情况。这种方法可观察顾客选购商品时的表现，有助于研究购买者行为。

2. 测量观察

测量观察，即运用电子仪器或机械工具进行记录和测量。例如，某广告公司想了解电视广告的效果，选择了一些家庭作为调查样本，把一种特殊设计的“测录器”装在这些家庭的电视机上，自动记录所收看的节目，经过一定时间，就了解到哪些节目收看的人最多，在以后的工作中根据调查结果合理安排电视广告的播出时间，收到很好的效果。

（四）观察调查法的内容和原则

在进行观察调查时，需要了解一定的调查内容并遵循调查原则，如图 3-4 所示。

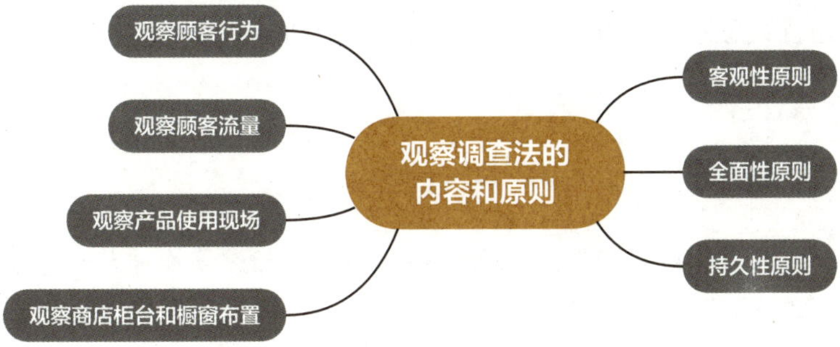

图 3-4　观察调查法的内容和原则

1. 观察调查法的内容

观察调查法的运用是观察人员的主观活动过程。具体而言，观察调查法所涉及的观察内容包括以下几点。

（1）观察顾客行为。了解顾客行为，可促使企业有针对性地采取恰当的促销方式。所以，观察人员要经常观察或者摄录顾客在商场、销售大厅内的活动情况，如顾客在购买商品之前，主要观察什么，是商品价格、商品质量还是商品款式等；顾客对商场的服务态度有何议论；等等。

（2）观察顾客流量。观察顾客流量对商场改善经营、提高服务质量有很大好处。例如，观察一天内各个时间进出商店的顾客数量，可以合理地安排营业员工作的时间，更好地为顾客服务；又如，为新商店选择地址或研究市区商业网点的布局，也需要对客流量进行观察。

（3）观察产品使用现场。观察人员到产品用户使用地观察调查，了解产品质量、性能及用户反映等情况，实地了解使用产品的条件和技术要求，从中发现产品更新换代的前景和趋势。

（4）观察商店柜台和橱窗布置。为了提高服务质量，观察人员要观察商店内柜台布局是否合理，顾客选购、付款是否方便，柜台商品是否丰富，顾客到台率与成交率以及营业员的服务态度如何等。

2. 观察调查法的原则

在实际观察活动中，除了考虑观察内容的选择、安排，为了使观察结果符合客观实际，还要求观察人员必须遵循以下原则。

（1）客观性原则，即观察人员必须持客观的态度对市场现象进行记录，切不可按其主观倾向或个人好恶，歪曲事实或编造情况。

（2）全面性原则，即必须从不同层次、不同角度进行全面观察，避免出现对市场片面或错误的认识。

（3）持久性原则。市场现象极为复杂，且随着时间、地点、条件的变化而不断地变化。市场现象的规律性必须在较长时间的观察中才能被发现。

另外，还要注意遵守社会公德，不得侵害公民的各种权利，不得强迫被调查者做不愿做的事，不得违背其意愿观察被调查者的某些市场活动，并且还应为其保密。

案例 3－9

观察法的应用

昂得西尔是著名的商业密探，他所在的公司叫恩维罗塞尔市场调查公司，他通常的做法是坐在商店的对面，悄悄观察来往的行人。而此时，他的属下在商店里正努力工作，跟踪在商店架前徘徊的顾客，他们的目的是找出商店生意好坏的原因，了解顾客走进商店以后的行为，以及为什么许多顾客在对商品进行长时间挑选后还是失望地离开。通过工作，他们给商店提出了许多实际的改进意见。例如，一家主要是青少年光顾的音像店，昂得西尔通过调查发现这家店把磁带放置过高，孩子们往往拿不到。昂得西尔指出应该把商品降低放置，结果销售量大大增加。

二、访问调查法

（一）访问调查法的含义和分类

访问调查法又称询问调查法，即调查人员采用访谈询问的方式向被调查者了解市场情况的一种方法，它是市场调查中最常用的、最基本的调查方法。

访问调查法

访问调查法的类型有以下几种。此处仅对第三种作详细介绍。

第一，按访问方式分类：直接访问和间接访问。

第二，按访问内容分类：标准化访问和非标准化访问。

第三，按访问内容传递方式分类：面谈调查、电话调查、邮寄调查、留置问卷调查等。

1. 面谈调查法

面谈调查法是调查人员根据调查提纲直接访问被调查者，当面询问有关问题。它既可以是个别面谈，主要通过口头询问，如用于商品需求、购物习惯等；也可以是群体面谈，通过座谈会等形式，如请一些专家就市场价格状况和未来市场走向进行分析和判断。

（1）面谈调查法的优点：回答率高；可通过调查人员的解释和启发来帮助被调查者完成调查任务；可以根据被调查者性格特征、心理变化、对访问的态度及各种非语言信息，扩大或缩小调查范围，具有较强的灵活性；可对调查环境和调查背景进行了解。

（2）面谈调查法的缺点：人力、物力耗费较大；要求调查人员的素质高；对调查人员的管理较困难；此方法可能受到一些单位和家庭的拒绝，无法完成。

2.电话调查法

电话调查法是由调查人员通过电话向被调查者询问了解有关问题的一种调查方法。

（1）电话调查的优点：取得市场信息的速度较快；节省调查费用和时间；调查的覆盖面较广；可以访问到一些不易见到面的被调查者，如某些名人等。

（2）电话调查的缺点：被调查者只限于有电话的地区和个人；电话提问受到时间的限制；被调查者可能因不了解调查的详尽、确切的意图而无法回答或无法正确回答；对于某些专业性较强的问题无法获得所需的调查资料；无法针对被调查者的性格特点控制其情绪。

3.邮寄调查法

邮寄调查法是将调查问卷邮寄给被调查者，由被调查者根据调查问卷的填写要求填写好后寄回的一种调查方法。

（1）邮寄调查法的优点：可扩大调查区域；调查成本较低；被调查者有充分的答卷时间；可让被调查者以匿名的方式回答一些个人隐私问题；无须对调查人员进行培训和管理。

（2）邮寄调查法的缺点：征询回收率较低；时间较长；无法判断被调查者的性格特征和其回答的可靠程度；要求被调查者具有一定的文字理解能力和表达能力，对文化程度较低的人不适用。

4.留置问卷调查法

留置问卷调查法是当面将调查表交给被调查者，说明调查意图和要求，由被调查者自行填写回答，再由调查者按约定日期收回的一种调查方法。

（1）留置问卷调查法的优点：问卷回收率高，由于调查人员当面送交问卷，并向被调查者说明填写要求和方法，澄清疑问，因此可以减少误差，而且能控制回收时间，提高回收率。同时，调查人员也可以节约面对面访谈的时间。答案准确性高，被调查者因为有充分的时间来考虑问题，并不受调查人员的影响，能做出比较准确的回答。

（2）留置问卷调查法的缺点：调查区域范围有限，调查费用较高，也不利于对调查人员进行管理监督。

案例 3－10

陈经理的烦恼

在厦门市思明区的某饭店以农家菜而闻名，每天顾客盈门，其中很多顾客来自本市区。饭店新上任的陈经理正在考虑是否可以在厦门另开一家分店以扩展饭店的业务。但新开分店是否仍会吸引顾客，如何使分店也保持原饭店的声誉等都是有待处理的问题。陈经理请某市场调查公司就下面几个问题进行一次市场研究：

（1）在产品方面，该饭店与哪些餐馆、饭店竞争？

（2）该饭店的市场形象以及与竞争者的比较，是否占优势？

（3）该饭店的消费者特点有哪些？

（4）消费者对新开分店的看法，对新店应具有的特色、地点等方面的要求是什么？

试分析：

（1）是否可以采用邮寄调查法的方式进行市场调查？

（2）是否可以在一些百货商场或购物中心挑选被调查者，发给他们问卷请他们填好后再寄回？

（3）如果让你设计访问调查法的方案，你认为应该使用什么样的调查方法，采用什么类型的问卷，对哪些人进行调查，才能获得陈经理所需信息？你有什么更好的建议？

（二）访问调查法的比较

上述四种访问调查法优缺点的比较见表 3–4 所列。

表 3–4　四种访问调查法的比较

类型特点	面谈调查法	电话调查法	邮寄调查法	留置问卷调查法
调查范围	较窄	较窄	广	较广
调查对象	可控可选	可控可选	一般	可控可选
影响回答的因素	能了解控制和判断	无法了解控制和判断	难了解控制和判断	能了解控制和判断
回收率	高	较高	较低	较高
回答速度	可快可慢	最快	慢	较慢
回答质量	较高	高	较低	较高
平均费用	最高	低	较低	一般

（三）访问调查法的程序与技巧

1. 访问开始阶段

做好准备工作，准备接近被调查者，如采用开门见山或侧面接近的方式接近被调查者。

2. 访问主要阶段

（1）按照事先拟订的访问提纲逐个进行访问，防止偏离访问提纲，如采用问卷调查法，则可以按照问卷所列问题的先后顺序回答。

（2）在访问过程中，对需要引导和追问的问题，调查人员要做必要的引导追问。

（3）在访问开始和访问过程中，如果涉及被调查者的隐私问题，应加强保密。

（4）在必要和时间允许的条件下，可先从被调查者关心的话题开始，逐渐缩小访问范围，最后问及所要提问的问题。

（5）在访问过程中，调查人员应该始终保持公平、中立的立场。

3.访问结束阶段

市场调查人员对被调查者的配合访问，通常应赠送小礼品以表示感谢，并使被调查者感到自己对这项调查活动做出了贡献。访问结束后要尽快离开。

案例 3－11

对被调查者进行“引导”和“追问”的情况

在什么情况下调查人员应引导被调查者呢？一般来说，当被调查者对所提问题理解不正确，答非所问、文不对题的时候；当被调查者顾虑重重、吞吞吐吐、欲言又止的时候；当被调查者一时语塞、对所提问题想不起来的时候；当被调查者口若悬河、滔滔不绝，而又漫无边际、离题太远的时候；当访谈过程被迫中断又重新开始的时候……总之，当访谈遇到障碍不能顺利进行下去或偏离原定计划的时候，调查人员就应及时引导。

在什么情况下调查人员对被调查者进行追问呢？一般来说，当被调查者的回答明显说谎、不肯吐露真情的时候；当被调查者的回答前后矛盾、不能自圆其说的时候；当被调查者的回答含混不清、模棱两可的时候；当被调查者的回答过于笼统、很不准确的时候；当被调查者的回答残缺不全、不够完整的时候……总之，当被调查者的回答没有真实、具体、准确、完整说明问题的时候，就要追问。

三、实验调查法

（一）实验调查法的含义

实验调查法是指市场调查人员有目的、有意识地改变一个或几个影响因素，来观察市场现象在这些因素影响下的变动情况，以认识市场现象的本质特征和发展规律。实验调查既是一种实践过程，又是一种认识过程，并将实践与认识统一为调查研究过程。企业的经营活动中经常运用这种方法，如开展一些小规模的包装实验、价格实验、广告实验、新产品销售实验等，来测验这些措施在市场上的反映，以实现对市场总体的推断。

（二）实验调查法的步骤

实验调查法的一般步骤为以下几步。

（1）根据市场调查的课题提出研究假设。

（2）进行实验设计，确定实验方法。

（3）选择实验对象。

（4）进行实验。

（5）分析整理实验资料并做实验检测，得出实验结论。

实验调查只有按这种科学的步骤来开展，才能迅速取得令人满意的实验效果。

实验调查法

（三）实验调查法的设计方案

实验设计是调查者进行实验活动、控制实验环境和实验对象的规划方案，是实验调查各步骤的中心环节，决定着研究假设能否被确认，也决定实验对象的选择和实验活动的开展，最终影响实验结论。根据是否设置对照组或根据设置对照组的多少，可以设计出多种实验方案。基本的、常用的实验方案有以下几种。

1. 单一实验组前后对比实验

选择若干实验对象作为实验组，将实验对象在实验活动前后的情况进行对比，得出实验结论。在市场调查中，经常采用这种简便的实验调查法。例如，某食品厂为了提高糖果的销售量，认为应改变原有的陈旧包装，并为此设计了新的包装图案。为了检验新包装的效果，以决定是否在未来推广新包装，厂家取A、B、C、D、E五种糖果作为实验对象，对这五种糖果在改变包装的前一个月和后一个月的销售量进行了检测，得到的实验结果见表3-5所列。

表3-5 单一实验组前后对比表

单位：千克

糖果品种	实验前销售量（Y）	实验后销售量（Y_n）	销售增加量（Y_n-Y）
A	300	340	40
B	280	300	20
C	380	410	30
D	440	490	50
E	340	380	40
合计	1 740	1 920	180

结论：新包装比旧包装销售量大，说明顾客不仅注意糖果的质量，也对其包装有所要求。因此断定，改变糖果包装，以促进其销售量增加的研究假设是合理的，厂家可以推广新包装。但应注意，市场现象可能受许多因素的影响，180千克的销售增加量不一定只是改变包装引起的。

需要注意的是，单一实验组前后对比实验，只有在实验者能有效排除非实验变量的影响，或者是非实验变量的影响可忽略不计的情况下，实验结果才能充分成立。

2. 实验组与对照组对比实验

选择若干实验对象为实验组，同时选择若干与实验对象相同或相似的调查对象为对照组，并使实验组与对照组处于相同的实验环境之中。例如，某食品厂为了解面包的配方改变后消费者有什么反应，选择了A、B、C三个商店为实验组，再选择与之条件相似的D、E、F三个商店为对照组进行观察。观察一周后，将两组对调再观察一周，其检测结果见表3-6所列。

从表3-6中可知，两周内原配方面包共销售了250百袋，新配方面包共销售了290

百袋。这说明改变配方后增加了 40 百袋的销售量，对企业很有利。

表 3-6 实验组与对照组对比表

单位：百袋

组别	原配方销售量		新配方销售量	
	第一周	第二周	第一周	第二周
A		37	43	
B		44	51	
C		49	56	
D	35			41
E	40			47
F	45			52
合计	120	130	150	140

实验组与对照组对比实验，必须注意二者应具有可比性，即二者的规模、类型、地理位置、管理水平、营销渠道等各种条件应大致相同。只有这样，实验结果才具有较高的准确性。但是，这种方法对实验组和对照组都是采取实验后检测，无法反映实验前后非实验变量对实验对象的影响。为弥补这一点，可将上述两种实验方案进行综合设计。

3.实验组与对照组前后对比实验

通过对实验组和对照组均进行实验前后对比，再将实验组与对照组进行对比。它吸收了前两种方法的优点，也弥补了前两种方法的不足。例如，某公司在调整商品配方前进行实验调查，分别选择了三个企业组成实验组和对照组，对其月销售额进行实验前后对比，并综合检测出了实际效果，见表 3-7 所列。

表 3-7 双组前后对比表

单位：百元

实验单位	前检测	后检测	前后对比	实验效果
实验组	$Y_0=2\,000$	$Y_n=3\,000$	$Y_n-Y_0=1\,000$	$(Y_n-Y_0)-(X_n-X_0)$ $=1\,000-400$
对照组	$X_0=2\,000$	$X_n=2\,400$	$X_n-X_0=400$	

表 3-7 中的检测结果表示，实验组的变动量为 10 万元，包含实验变量即调整配方的影响，也包含其他非实验变量的影响；对照组的变动量为 4 万元，不包含实验变量的影响，只有非实验变量的影响，因为对照组的商品配方未改变。实验效果是从实验变量和非实验变量共同影响的销售额变动量中，减去由非实验变量影响的销售额变动量，反映调整配方这种实验变量对销售额的影响作用。由此可见，实验组与对照组前后对比实验，是一种更为先进的实验调查方法。

进行市场的实验调查，一是要有实验活动的主体，即实验者；二是要有实验调查所要了解的对象；三是要营造出实验对象所处的市场环境；四是要有改变市场环境的实践活动；

五是要在实验过程中对实验对象进行检验和测定。

（四）实验调查法的优缺点

1.优点

实验调查法通过实验活动提供市场发展变化的资料，不是等待某种市场现象发生了再去调查，而是积极主动地改变某种条件，来揭示或确立市场现象之间的相关关系。它不但可以说明是什么，而且可以说明为什么，还具有可重复性，因此其结论的说服力较强。实验调查法对检验宏观管理的方针政策与微观管理的措施办法的正确性来说，都是一种有效的方法。

2.缺点

实验调查法在进行市场实验时，由于不可控因素较多，很难选择到有充分代表性的实验对象和实验环境,因此实验结论往往带有一定的特殊性，实验结果的推广会受到一定的影响。实验调查法还有花费时间较多、费用较高、实验过程不易控制、实验情况不易保密、竞争对手可能会有意干扰实验现场的结果等缺点。这些缺点使实验调查法的应用有一些局限性，市场调查人员对此应给予充分的注意。

实验调查是一种探索性、开拓性的调查工作，调查人员必须思想解放，有求实精神，敢于探索新途径，能灵活应用各种调查方法，才能取得成功。正确选择实验对象和实验环境，对实验调查的成败也有重要作用。如果所选的市场实验对象没有高度的代表性，其实验结论就没有推广的可能性。此外，由于实验活动要延续相当的时间，还要有效地控制实验过程，让实验活动严格按实验设计方案来进行。

任务实施

小张所在项目组已经初步确定了此次调查二手资料的收集范围和来源，但显然这些资料是不能完全满足调查的需要的。因此，他们必须使用实地调查法收集更多具有针对性、时效性的一手资料。

实施要点：

（1）根据市场调查的主题和目的，确定开展市场调查的具体项目和内容。

（2）根据市场调查的详细内容确定所需收集的一手资料的范围和来源。

（3）按照一手资料的收集要求，选择能够收集到相应市场资料的实地调查方法。

（4）对确定的实地调查方法进行可行性分析，并最终确定。

任务评价

评价标准：该任务主要考核学生对实地调查法的理解和掌握；围绕调查主题和目的，确定详细完整的调查项目和内容；根据调查项目和内容，明确所需的一手资料有哪些；选择恰当高效的实地调查方法，收集所需的一手市场资料。总分值100分，具体分配见表3–8所列。

表 3-8　实地调查法任务评价表

序　号	评价项目	评价分值	得　分
1	一手资料范围和来源的准确性	20 分	
2	选择的实地调查方法能有效收集到所需资料	30 分	
3	所选调查方法具有可行性和可操作性	50 分	

任务检测

1. 实地调查法有哪几种具体方法？
2. 观察法的观察内容和使用原则是什么？
3. 访问调查法的类型有哪些？

码上刷题

项目回顾

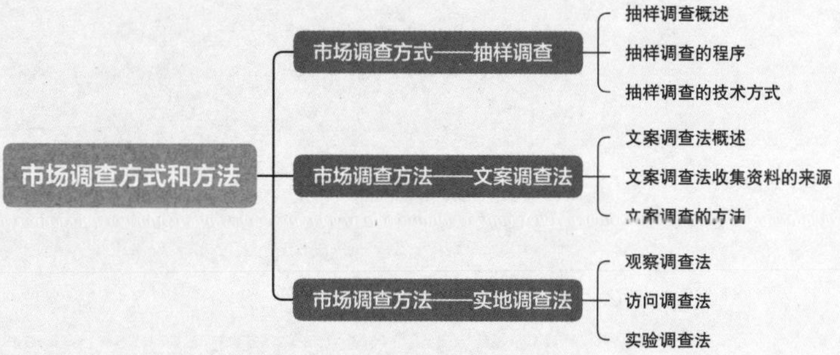

实战演练

实训目标	1. 掌握市场调查方式和市场调查方法的基本概念、不同分类和优缺点。 2. 能够根据不同的市场调查主题，围绕具体的市场调查目的和内容，分析所需的市场资料，确定其范围和来源。 3. 能够运用抽样调查的方式，通过恰当的市场调查方法，收集到准确、有效的各种市场资料。
实训要求	根据各实训小组在市场调查方案撰写中确定的调查主题、目的和内容，为下一步的市场资料收集确定具体的调查方式和恰当的市场调查方法。 具体要求： 1. 分组再次对调查目的和具体调查内容进行分析和确认，明确所需调查资料的范围和来源。 2. 首先使用文案调查法收集对调查有用的二手资料进行分析，明确还需哪些一手资料。 3. 根据缺失的一手资料内容，选择正确的实地调查方法进行收集，并开展可行性论证。

续表

实训成果	1.小组成员能针对特定调查主题的调查目的和内容开展深入分析讨论，取得一致意见。 2.对不同市场调查的方式有正确的理解和掌握。 3.在选择市场调查方法时，能全面考虑调查主题的实际情况，能根据具体问题和要求选择最适宜、最恰当的调查方法。 4.市场调查的方法在市调组织实施时可行性和可操作性强，能够收集到所需的各项市场资料。

项目四　市场调查问卷设计

市场调查问卷设计资源库

项目概述

根据市场调查岗位工作及业务流程，本项目进入市场调查问卷设计环节。问卷在数据收集方面具有不可替代的作用，问卷设计工作自然也是市场调查中一项重要的工作。本项目对市场调查问卷的含义与作用，设计市场调查问卷，市场调查问卷主体设计技巧和评估问卷进行了详细阐述。通过所要完成的项目任务，学生能够运用调查问卷的设计技巧，按照设计程序，设计出一份科学可行的市场调查问卷。

学习目标

知识目标

1.了解市场调查问卷的基本概念和作用。

2.掌握市场调查问卷设计的流程、结构和组织编排方法。

3.掌握市场调查问卷问题与答案设计的方法和技巧。

能力目标

1.能根据调查项目设计一份结构完整、内容合理的市场调查问卷。

2.能在设计问题和答案时使用恰当的方法和技巧。

3.能利用网络问卷编制工具和软件，设计编制一份网络调查问卷，并完成问卷的发放和回收。

思政目标

1.培养分析问题、解决问题的实践技能和探求真理、实事求是的精髓。

2.提高市场调查问卷设计、评估、修正的专业技能，培养精益求精的工匠精神。

3.提高逻辑思维能力、对数字媒体新技术的学习和应用能力。

思政小故事

科学精神

认真求实是中国科学家的精神之本。1916年，时任中国科学社社长任鸿隽发表在《科学》杂志的《科学精神论》一文中就提到，“科学精神者何？求真理是已”。任鸿隽还总结了科学精神的五个特征：崇实、贵确、察微、慎断、存疑。求真务实是工作者的精神底色，在新时代发扬求实精神，就是要坚持立德为先、诚信为本、精益求精、探求真理的精神。

（资料来源：编者根据相关资料整理）

项目导入

小张所在的市场调查公司通过前期市场方案设计，确定了调查工作的目标、内容、调查方式和方法后，准备进行市场调查问卷设计。为此，项目组对接下来的调查问卷设计工作进行了相应的安排：

1.在具体设计问卷前，项目组是否需要对调查问卷的市场调查问卷的含义和作用有清晰的认识？

2.如何运用问卷设计技巧，根据问卷设计与制订的流程来设计一份完整的调查问卷？

3.如何对所设计的问卷进行科学评估？

任务一　市场调查问卷的含义与作用

任务描述

问卷调查是目前调查业中使用最普遍和最广泛的一种调查方式。调查人员通过向样本发放根据调查目的设计的调查问卷完成调查项目，并统计分析调查数据得到调查结果。在具体设计问卷前，先要弄明白市场调查问卷的含义和类型，市场调查问卷的作用，以及市场调查问卷调查的方式。

案例 4-1

成都大运会如何促进主办城市发展

2023年7月28日，成都东安湖体育公园主体育场开幕式的举行为第31届夏季大学生运动会（以下简称大运会）拉开了帷幕。在大运会举办之前，相关调查机构针对促进主办城市文明发展做了相应的调查。

为收集数据，调查工作人员及志愿者们走街串巷，开展了特别的暑期大运会问卷调查，比较成功地反映了成都市民对大运会信息的获取方式和渠道的实际情况，以及有关大运会对城市发展影响的看法，为大型赛事促进主办城市文明发展提供了数据参考。2023 年 8 月 14 日，清华大学体育产业发展研究中心参与编制的《大型赛事促进主办城市文明发展的报告》正式发布。72 页的报告分为六个部分，通过坚实的数据和翔实的内容研究了大型体育赛事促进城市发展的实例，还以大运会为例详细分析了大运会在文化教育价值、交流价值实现途径等方面的内容，展现了成都大运会对于城市文明发展的深度影响。

理论准备

一、市场调查问卷的含义和类型

（一）市场调查问卷的含义

问卷是市场调查问卷或市场调查表的简称，是市场调查人员向被调查者收集信息的工具，它由一系列用来获取被调查者信息的格式化的问题、备选答案及说明构成。标准化设计的问卷，不但有利于准确、高效地收集可信的市场调查信息，而且便于信息处理和分析，是一种标准化和统一化的信息收集工具。

认识市场调查问卷

（二）市场调查问卷的类型

问卷根据调查者对问卷的控制程度分为结构型问卷和非结构型问卷。

1.结构型问卷

结构型问卷又称标准化问卷或控制式问卷。它的特点是每个问题的提问方式和可能答案都是固定的，提问方式在调查时都不能改动，所有被调查者都回答同一结构的问题。结构型问卷可分为封闭式问卷、开放式问卷和半封闭式问卷三种。

（1）封闭式问卷。封闭式问卷提出的问题规定了备选答案，被调查者只是从已给定的答案中做出选择的问卷。

优点：答案标准化，便于归类整理；可事先编码，有利于信息处理；被调查者只需选择其中的答案，可以节省答卷时间。

局限性：由于问句规定的答案有限，往往不能充分体现不同回答者的各种意见；同时，不同的人对同一问题的理解是不相同的，甚至会产生相反的理解，因此对问题的不正确理解难以识别。

（2）开放式问卷。开放式问卷只提出问题，不提供任何备选答案，是由被调查者自由回答的问卷。这种问卷所列的每个问题对被调查者来说都是一样的，但可根据自己的理解自由回答。

优点：回答者可以充分发表自己的看法和意见，对某些答案过多的问题尤其适宜。

局限性：问卷答案多种多样、不规范、资料分散；难以量化，编码困难；对某些较复杂的问题，被调查者要用较多的时间去思考，容易引起被调查者的不快或拒绝回答。

（3）半封闭式问卷。半封闭式问卷是封闭式问卷和开放式问卷相结合的问卷。如在一个问题中，除给出一定的标准答案外，还列出“其他”等开放式答案以备被调查者在“其他”下选答；或在整个问卷中，一部分问题是封闭性的，一部分问题是开放性的。半封闭式问卷可以兼顾封闭式问卷和开放式问卷的优点，克服其局限性。

2.非结构型问卷

非结构型问卷事先不准备标准表格、提问方式和标准化备选答案，只是规定调查方向和询问内容，是由调查者和被调查者自由交谈的问卷（调查提纲）。

优点：可发现新情况，可用于探索性调查，也可用于检验结构型问卷的准确性。

局限性：所需人力、物力较多，花费的时间较长，只适用于小样本调查。

案例 4-2

读者基本情况调查问卷

我们期待您填写的登记卡，您的回答将严格保密并进入读者数据库。届时，您可在邮购图书时得到优惠（不但可免邮费，更可享受书价九折优惠）。您对所购书有任何意见，请另附纸张一并寄给我们公司，我们将十分感谢！

请您在选中答案的方框内打“√”，或者将您的答案填在横线上。

1.姓名：__________

2.性别：□男□女

3.年龄：__________

4.您所在单位的行业：□制造业□咨询业□金融业□服务业□商业□机关□教育

5.您的职位：□总经理□营销总监□部门经理□职员□教师□公务人员□学生□其他

6.您单位的员工数：□ 100 人以下□ 100~499 人□ 500~1 000 人□ 1 001~5 000 人□ 5 000 人以上

7.您的收入：每月__________元人民币

8.文化程度：□高中□大专□本科□硕士□博士

9.通信地址：__________

邮政编码：__________

10.E-MAIL 地址：__________

11.您购买的书名：__________

12.您是怎么知道这本书的：□别人介绍□在书店看到□杂志□网络□报纸□培训班购买□其他

13.您认为这本书的质量怎么样？□好□中□差

二、市场调查问卷的作用

问卷是整个市场调查与分析的基础，问卷的质量直接关系到信息资料的收集，从而影响市场调查效果的好坏，在市场调查过程中具有十分重要的作用，具体包括：一是实施方便，提高了调查精准度；二是便于调查信息、统计处理和定量分析；三是节省调查时间，提高了调查效率；四是保证信息收集与调查目标相符；五是提供统一、规范的标准，确保调查工作有序开展。具体如图 4-1 所示。

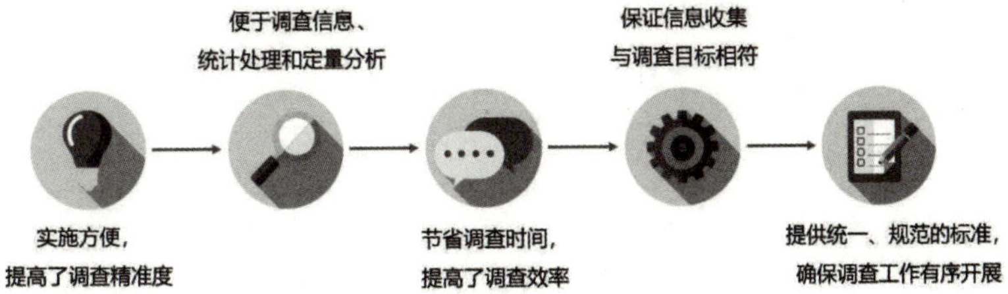

图 4-1　市场调查问卷的作用

三、市场调查问卷调查的方式

一般市场调查问卷调查的方式包括由被调查者填写、由调查者填写、邮寄调查三种。

（一）由被调查者填写

由被调查者填写的调查方式是问卷调查人员将问卷发放给被调查者，由被调查者自行填写，并当场收回或是隔一定时间收回。这种问卷调查方式适用于比较集中的被调查者，且被调查者具备一定读、写和理解能力的情况。

（二）由调查者填写

由被调查者填写的调查方式是由调查人员根据问卷的项目，逐一询问被调查者，并且在询问过程中边问边填写被调查者回答的该项目答案。这种问卷调查适用于被调查者不具备填写能力、文化水平较低，或是调查项目需要详细询问时的情况。

（三）邮寄调查

邮寄调查的调查方式是调查人员将问卷直接邮寄给被调查者，或是随产品及说明书附带散发给一部分调查对象。被调查者自行填写后，再寄回给调查者。这种问卷调查适用于被调查者较为分散，或是调查经费不足的情况。

这三种问卷调查方式，第一、二种方式的优点是因为作为直接的现场问卷调查，能得到被调查者的配合，因此问卷回收率高，同时还能在现场观察到被调查者回答时对问题表现出的态度和兴趣；缺点是耗时耗力。第三种方式的优点是节省人力，但缺点是问卷的回收率和成功率较低，也不能真实获得被调查者对问题的态度和兴趣。

任务实施

通过分析××休闲服装市场，小张所在的市场调查公司已经确定了市场调查方案。为了获取有效信息，该公司打算开展一次问卷调查工作，这需要有一份科学合理的问卷。

在设计具体的问卷之前，请小张和其市场调研部团队的成员列出应从哪些方面考虑该项目调查问卷的设计，并进行陈述。

实施要点：

（1）明确调查目的和调查要求。

（2）列出调查问卷涉及哪些内容。

任务评价

评价标准：该任务主要考核学生信息分析的基本能力，对调查主题准确把握的水平，学生的团队配合意识和沟通能力。总分值100分，具体分配见表4-1所列。

表4-1　市场调查问卷任务评价表（一）

序　号	评价项目	评价分值	得　分
1	调查目的和要求正确、可行	35分	
2	设计问卷内容罗列合理、完整	40分	
3	团队成员协作意识强，分工合理	15分	
4	陈述条理清晰、用词精炼；仪态大方得体	10分	

任务检测

1.什么是市场调查问卷？有哪些类型？

2.调查问卷的质量直接关系到信息资料的收集，请问其在市场调查过程中具体作用是什么？

3.一般市场调查问卷调查的方式包括哪几种？

码上刷题

任务二　设计市场调查问卷

任务描述

一份合理、可行的市场调查问卷具有特定的结构和内容要求，在设计时应遵循一定的设计原则，按照规范程序，有序地进行。也只有这样，完成的市场调查问卷才能在调查实践中发挥其应有的作用。

市场调查问卷设计流程

理论准备

一、市场调查问卷设计的流程

市场调查问卷设计的基本流程包括三个阶段：准备阶段、初步设计和定稿印刷，如图4-2所示。

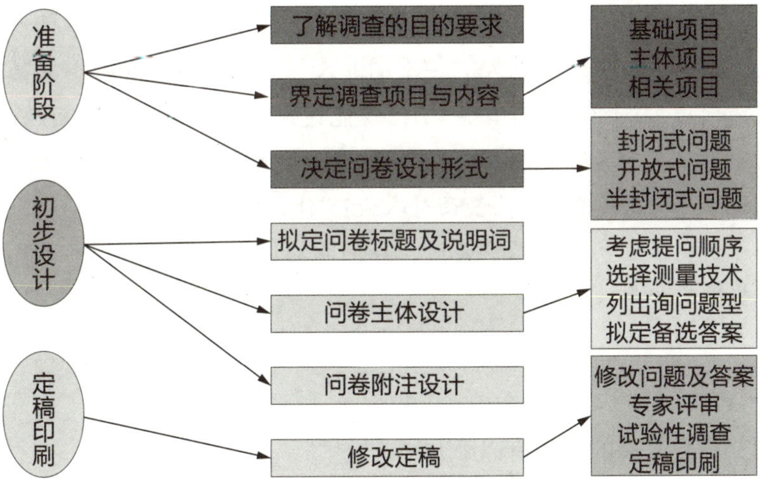

图4-2　市场调查问卷设计的基本流程

（一）准备阶段

在调查问卷设计的准备阶段，需要了解调查的目的和要求，界定调查项目与内容，决定问卷设计形式等。同时，根据调查课题的范围和调查项目，将所需的资料项目全部列出，分析哪些是主要资料，哪些是次要资料，哪些是调查的必需资料，并分析哪些资料需要通过问卷来取得，需要向谁调查等，要分析调查对象的各种特征。

（二）初步设计

在调查问卷初步设计阶段，具体工作包括拟定问卷标题及说明词、问卷主体设计、问卷附录设计等三项工作。

在初步设计问卷这一阶段需要考虑到以下几点。

（1）考虑提问顺序。问题之间有先后顺序，哪些是基本信息的调查，哪些是调查的核心问题，哪些是承上启下的问题，应按逻辑进行排列。

（2）选择测量技术。不同的测量技术具有各自不同的特征，应根据需要合理选择。

（3）列出询问题型。在设计问卷时应标明每项资料需要采用什么方式提问，并尽可能地列出各种问题，对问题进行检查、筛选、编排，设计每个项目的问句。

（4）拟定备选答案。对所提问题进行科学合理的设置答案。

同时，还要考虑问卷是否需要编码，或是否需要向被调查者说明调查目的、要求、基本注意事项等。

案例 4－3

规范问卷设计

有一家肉类经销商拟对肉类销售市场进行调查，在设计好问卷后，派营销调查人员进行了街头拦截调查。一位调查员将调查地点选在了一个商业闹市区，正巧迎面走来了四个人，其中一个是意大利人、一个南非人、一个韩国人和一个墨西哥人。调查人员马上上前问道：“对不起，打扰一下，您能谈谈对目前肉类供应短缺的看法吗？”结果四人的回答让人啼笑皆非。意大利人说：“短缺是什么？”南非人说：“肉指的是什么？”韩国人说：“什么是看法？”墨西哥人说：“什么是打扰了？”

这个例子说明了在实施问卷调查时，在问卷的设计、问题的提问等环节，运用一定技能的重要性及必要性。

（三）定稿印刷

在定稿时，需要开展的工作有以下几点。

（1）再三对每个问句认真地考虑是否必要，是否能得到答案；问卷是否满足主题调查目的和内容；是否有遗漏或偏差；问题和答案设置的逻辑性和科学性。若有不妥，及时进行修订。

（2）请专家进行评审。

（3）可在小范围内进行试验性调查，顺便弄清问卷在初稿中存在的问题，了解被调查者是否对所有问题都乐意回答或能够回答，哪些是多余的，还有哪些不完善或遗漏的地方。如果发现问题应修改，使问卷更加完善。

问卷修改后，即可制作成正式问卷。

二、市场调查问卷的基本结构

一份完整的市场调查问卷的基本结构由九个部分组成，即标题、卷首语、填表说明、甄别部分、主体内容、被调查者基本情况、编码、结束语和作用证明记载，如图 4-3 所示。

市场调查问卷基本结构

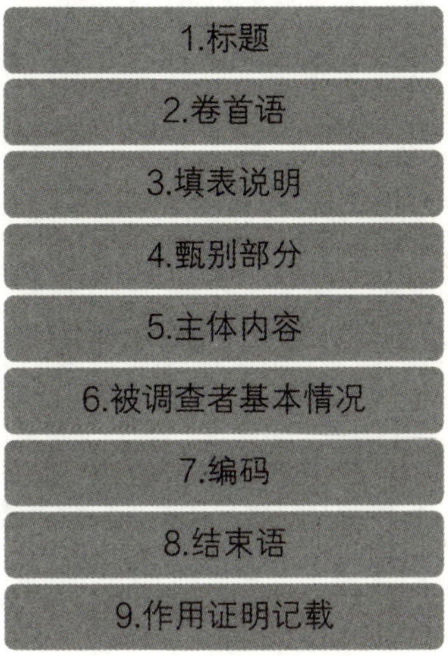

图 4-3　市场调查问卷的基本结构

（一）问卷的标题

为了体现调查主题和内容，每份调查问卷都有一个标题。例如，“2023 年在校大学生网购现状及趋势调查”，反映出了调查对象和调查中心内容。问卷标题中通常包括了时间、区域、范围和内容等要素，如“2023 年××省中小企业对高职应届毕业生的人才需求情况调查问卷”，其中，时间——2023 年，区域——××省，范围——中小企业，内容——高职应届毕业生的人才需求情况。

拟定问卷标题时力求简明扼要、观点新颖、规范具体，不能过于繁复，让被调查者不知所云；也不能过于精简，随便使用缩略语。常用的标题格式为：时间＋地区＋对象＋调查内容＋主体，最后加上“……问卷调查”，切记不能只简单写作“调查问卷”。

（二）问卷的卷首语

卷首语又称问卷说明或者说明信，一般放在标题之后，位于问卷的开头，是一封致被调查者的短信。

案例 4-4

××公司市场调查问卷卷首语

尊敬的先生 / 女士：

您好！我是××公司的市场调查人员，我们正在进行一项关于新能源电动汽车家庭消费状况的市场调查。能否耽误您几分钟的时间填写这份问卷？您的宝贵意见将有利于进一步推动电动汽车在家庭中的普及，为环保贡献一份力量。我们保证得到的信息将全部作为调查研究之用，并对您提供的信息严格保密，不做他用。问卷回收后，我们将在作答者中抽取50名幸运者，赠送1年电动汽车的使用权。感谢您的支持和配合。

为使被调查者支持和配合调查，卷首语部分应介绍清楚调查的目的、要求、组织单位、保密措施等。

案例4-5

市场营销班问卷卷首语

亲爱的同学：

您好！我们是21级市场营销班的同学，为了了解大家对我院健身房的体验情况，我们特邀您参加此项调查，您宝贵的意见和建议将成为我们课余生活的重要参考依据。本次调查采取随机抽查不记名的方式，对您的回答将予以保密，我们期待能收到您填写完整的问卷，谢谢！

（三）问卷的填表说明

填表说明是对填写问卷的要求、方法、注意事项等的总说明，让被调查者知道如何填写问卷。

案例4-6

某问卷的填表说明

凡符合您的情况和想法的项目，请在相应的括号中打“√”；

如有其他需要具体说明的项目，请在横线上填写文字；

所有的单选题，只能选择一个答案；多选题，请您选择合适的答案；

填写问卷时，请不要与他人讨论；

问卷回收时请注意：本次市场调查的期限是4月20日至4月27日，请您在4月28日前务必将问卷填写完毕。您可在完成问卷之后及时来电告知，我们会派人与您商定取回问卷的具体时间，并赠送礼品一份，以示谢意。

（四）问卷的甄别部分

甄别也称过滤，是指先对被调查者进行过滤，确定合适的调查对象，或者针对特定的调查者进行调查，筛选掉不需要的被调查者。

1. 甄别的作用

（1）确定合适的调查对象。如果调查对象是比较明确的主体，例如，调查对象必须是企业商品的目标市场，则可以在开始进行主要内容的调查之前，通过甄别部分，确定被调查者是否符合调查对象的条件，筛选掉与调查主体无关的人，以确保调查资料的针对性和有用性。

例如，对性别的甄别，可以设计为：

您的性别：（　）

a. 男　终止访问

b. 女　继续

（2）排除可能影响调查结果真实性的干扰因素。为了能够了解到真实的信息资料，应该排除一些可能会给调查活动带来不利影响的因素。不利的影响因素主要有：与调查内容在职业上有关联的被调查者；曾经接受过调查的被调查者；职业被调查者（也称职业受访者）；在市场调查活动中可能提供虚假信息的被调查者等。

2. 甄别的方法

（1）对个体自然状态的排除。对个体自然状态的排除主要是为了甄别被调查者的自然状态是否符合产品的目标市场。主要的自然状态变量包括年龄、性别、文化程度、收入等。下面以一个化妆品的市场调查的甄别问卷为例来说明。

一是对年龄的甄别。由于中国人使用化妆品具有明显的年龄倾向，要排除年少的消费者和年老的消费者，所以年龄的甄别问题设计为：

您的年龄：（　）

a. 18 岁以下　终止访问

b. 18－55 岁　继续

c. 55 以上　终止访问

二是对性别的甄别。本产品为女性所专用，因此甄别问卷的设计为：

您的性别：（　）

a. 男　终止访问

b. 女　继续

三是对收入的甄别。在中国，收入影响女性购买化妆品的因素有两个，即个人收入和家庭总收入。因此对收入的甄别问题的设计就包括两个方面：

您的个人收入（包括工资、奖金、第二职业收入等）为：（　）

a. 3 000 元及以上　继续

b. 3 000 元以下　终止访问

您的家庭月总收入：（　）

a. 5 000 元以上　继续

b. 5 000 元以下　终止访问

（2）对产品适用性的排除。假设这种化妆品只适用于油性和混合性皮肤，那么对产品运用性甄别问题的设计为：

您的皮肤是：（　）

a.油性　继续

b.混合性　继续

c.干性　终止访问

（3）对产品使用频率的排除。若频率过低，就不可能成为调查产品的目标消费者，甄别问题的设计为：

您平时多长时间使用一次化妆品：（　）

a.几乎不用　终止访问

b.每月四次　终止访问

c.每月四次以上　继续

（4）排除可能影响调查结果真实性的干扰因素。这里指对产品评价有特殊影响状态的排除，这种排除主要是为了使职业习惯可能对调查结果的影响被排除掉。题目一般有固定的设计格式，人们对产品评价有特殊影响状态，甄别问卷的设计为：

您和您的家人是否有在以下单位工作：（　）

a.社情民意调查机构、咨询公司　终止访问

b.电台、电视台、报社、杂志社　终止访问

c.化妆品生产或经销单位　终止访问

d.以上都没有　继续

在过去六个月里，您是否接受过这场调查公司的访问：（　）

a.是　终止访问

b.否　继续

（五）问卷的主体内容

问卷的主体内容是调查所要收集的主要信息的来源，它由一系列有逻辑性的问题和相应的答案选项组成，是问卷设计最重要的核心部分，这部分的设计质量直接影响整个调查的最终价值。

（六）被调查者基本情况

被调查者基本情况主要是指被调查者的一些主要特征，通常放在问卷作答的最后阶段收集。但要注意的是，对于涉及被调查者隐私的问题，不宜列入基本情况调查。

如果调查对象是组织，则基本情况可以收集企业名称、单位代码、企业地址等信息；如果是家庭或个人，则基本情况可以收集个人的年龄、性别、文化程度、职业、收入等。具体列入多少项目，应根据调查目的、调查要求而定，并非越多越好。有些问题与研究目的密切相关，如消费者个体特征不同，对某一特定事物的态度、意见以及行为倾向存在很

大差异，这就有必要进行调查。

这部分的结果在进行统计分析时有两大作用：一是市场调查人员可将完成的有效样本与母体进行样本代表性检验，当检验结果显示样本与母体间无显著差异时，表示样本的代表性好，可根据调查的结果推断母体的意见，调查才具有解释及预测的效果；二是市场调查人员可对基本资料各项问题的回答情形做交叉分析，以了解不同性质、不同属性的人在行为或态度上是否有明显的差异，这种分析结果对市场细分工作有重要意义。但对于涉及被调查者隐私的问卷，上述内容不宜列入。

（七）问卷的编码

编码是将问卷中的调查项目以及备选答案，按一定的分类或排序规则，给予统一设计的编码进行标注，以便信息相互区别、分类整理，易于计算机处理和统计分析。

编码，既可以在问卷设计的同时就设计好，也可以等调查工作完成以后再进行。前者称为预编码，后者称为后编码。在实际调查中，常采用预编码。编码一般应用于大规模的问卷调查中，因为在大规模问卷调查中，调查资料的统计汇总工作十分繁重，借助于编码技术和计算机，则可大大简化这一工作。

案例 4－7

问卷编码

下面是一份调查问卷中的编码。

在目前的市场环境中，贵公司所追求的主要经营目标是什么？

① 完成当年的销售额和利润计划。　（　　）①______

② 提升自己的社会责任感，重塑商业伦理。　（　　）②______

③ 大幅度提高主要产品的市场占有率。　（　　）③______

④ 进一步加大国际化的步伐。　（　　）④______

（八）问卷的结束语

问卷的结束语用来简短地表达对被调查者的感谢，也可以是被调查者对本次问卷的意见、感受以及其他补充说明等。

案例 4－8

问卷结束语

非常感谢您对于此次问卷调查的配合，并给我们提出这么多宝贵、有价值的建议。我们将把您的建议作为我们整体设计的重要参考。最后，祝您生活愉快，阖家幸福！

您所提供的资料，我们不会对外公开！谢谢您的配合与支持！

（九）问卷的作用证明记载

作用证明记载又称为调查情况记录，通常附在问卷的最后，是记载市场调查人姓名、编号、调查日期、调查时间和地点等信息的栏目，除了能表明调查任务完成的情况，最主要用于对问卷调查的管理和监督。

例如：

问卷编号____________________ 调查时间____________________

调查员编号__________________ 调查员姓名__________________

调查员对回答的评价__________（A. 可信　B. 基本可信　C. 不可信）

督导姓名____________________ 复核时间____________________

复核意见____________________（A. 合格　B. 基本合格　C. 不合格）

任务实施

小张及其调查团队成员根据前期对该服装公司资料的收集，以及对调查内容的分析，现在开始设计调查问卷。

实施要点：

（1）确定调查问卷框架。

（2）撰写标题、卷首语和结束语。

（3）将调查内容转化成问题。

任务评价

评价标准：该任务主要考查学生完成问卷设计的能力，涉及市场调查问卷设计流程、市场调查问卷基本结构等内容。在评价中既考查学生的技术能力，也考查其分析问题、解决问题和逻辑综合能力。总分值 100 分，具体分配见表 4-2 所列。

表 4-2　市场调查问卷任务评价表（二）

序　号	评价项目	评价分值	得　分
1	小组团队意识强，能合理分工	20 分	
2	问卷结构完整	30 分	
3	问卷问题能围绕调查目的和主题设计	30 分	
4	卷首语和结束语描述清晰，用词恰当	20 分	

任务检测

1. 在初步设计问卷这一阶段需要考虑到哪几个方面？
2. 市场调查问卷的基本结构包括哪几个部分？
3. 为什么要进行问卷甄别？

码上刷题

任务三　市场调查问卷主体设计技巧

任务描述

问卷主体是市场调查所要收集的主要信息，它由一个个问句及相应的选择答案项目组成，这部分内容是问卷设计的重点，是问卷的核心内容。问句应覆盖课题研究的全部范围，且主要是以提问的形式提供给被调查者。这部分内容设计的好坏直接影响整个调查的价值。

理论准备

一、问题设计的技巧

市场调查问卷的问题与答案设计

设计主体问题时，理想的问句及问法设计既能使被调查者轻松、方便地回答问题，又可收集到所需信息。市场调查人员应根据调查目的和内容要求来设计问题，切忌盲目和随意地设计问题，问一些无关调查目的的问题，以免引起被调查者的反感，影响调查结果。问题的描述尽量清晰、明了、简洁，避免使用晦涩和烦琐的描述。同时，调查问卷主体在设计时，为使被调查者在回答问卷过程中不感到枯燥，可结合使用以下几种不同类型问句来提问。

（1）根据所提问题的性质，可以分为直接性问句、间接性问句、假设性问句。

①直接性问句，是指直接向被调查者提出问题。例如：

您认为××品牌牙膏的美白效果怎么样？□好□中□差

②间接性问句，是指对于涉及被调查者个人隐私等不愿意直接回答的问题，调查时可采用的问句。例如：

对于被调查者个人收入不愿意回答时，可以从消费品牌、消费频次等问题提问来了解被调查者的真实情况。

③假设性问句，就是将被调查者带入某一角色、某一情境或某一时间，甚至以另外一种观点提出问题。例如：

假如您是店长，您将如何……

（2）根据对问题的作答方式，可分为开放性问句和封闭性问句。

①开放性问句，也称自由式问句，是指没有向被调查者提供备选答案的提问，由被调查者自己组织语言进行回答的问题。例如：

您对××品牌牙膏包装有何建议？

②封闭性问句，是指问题和所涉及的各种可能的答案事先已设计好，被调查者通过选择答案来作答的问题。封闭性问题还包括全封闭性提问和半封闭性提问两种。

a.全封闭性提问，例如：

您在2022年每个月网购的平均频次是

□1~2次 □3~5次 □6次及以上 □其他

b.半封闭性提问，例如：

您认为古色古香的白酒包装应是

□陶罐 □瓷瓶 □葫芦 □其他

（3）根据所提问题的内容，可分为事实性问句、行为性问句、态度性问句和动机性问句。

①事实性问句，是指对被调查者事实情况进行调查的问题。例如：

您曾经购买过的牙膏品牌有（多选）

□冷酸灵 □黑人 □舒客 □高露洁 □佳洁士 □其他

②行为性问句，是指对被调查者行为进行调查的问题。例如：

我感到烦躁和不安

□几乎没有 □偶尔 □常常 □几乎总是

③态度性问句，是指对被调查者态度进行调查的问题。例如：

您对××品牌牙膏包装的看法是

□非常满意 □比较满意 □一般 □比较不满意 □非常不满意

④动机性问句，是指对被调查者行为动机进行调查的问题。例如：

您购买××品牌鞋子的原因是（多选）

□知名度高 □品质好 □好看 □代言人 □打折 □其他

案例4－9

问题的设计

直接性问题举例：你的籍贯是什么地方？

间接性问题举例：你有什么消费习惯？

开放式问题举例：你认为目前我国老百姓消费不足的主要原因有哪些？

封闭式问题举例：你购买该款蓝牙耳机的主要原因是什么？

A.价格便宜 B.性价比高 C.品牌知名度高 D.售后服务好 E.外观造型别致

动机性问题举例：你为什么购买某一款笔记本电脑？

态度性问题举例：你对学校后勤服务公司的维修服务有什么看法？

二、问题措辞设计的技巧

在问题设计中，提问措辞不当会影响被调查者对问题的作答情况，从而使调查结果有所偏差。因此，在问题措辞设计技巧上要遵循“五用五不用”原则。

（一）问题设计“五用”原则

（1）用词明确。少用概念模糊、难以界定的副词，如偶尔、许多、大致、普通、通常、一些等。例如：您通常使用什么样的面膜？这个“通常”让被调查者很难把握时间轴的长短。

（2）用词确切。少用形容词，如美丽、优秀、可爱等。例如：您认为这玩具包装好看吗？不同的被调查者对“好看”的评判标准有所不同，直接问是否“好看”难以调查消费者对产品包装的具体态度。

（3）用词通俗。避免使用晦涩的专业术语，若必须使用，可进行定义和说明。例如：请问您对本会计师事务所人员的外勤业务是否满意？企业员工在被调查时可能对会计师事务所的外勤具体业务并不太了解。

（4）用词清晰。避免使用不确切词汇，把人物、事件、时间、地点具体化。例如：请问您网购的频次是？这时就需时间具体化，是指去年每个季度、每个月还是每周。

（5）用词简明。避免使用冗长复杂的语句。

（二）问题设计“五不用”原则

（1）不用否定句或反义疑问句。在生活中人们习惯于肯定和陈述问句，而不习惯于否定或反义疑问句。采用此种问询方式会影响被调查者的思维，既增大了调查时间，也容易在作答时出错。

（2）不用诱导性提问。在调查问卷中设计问题应保持中立，不能带有倾向性，引导被调查者做出回答。例如：目前大多数人认为城市雾霾是汽车尾气排放引起的，您认为呢？这个问句中提及多数人的看法，对被调查者起到暗示作用，从而使部分被调查者采取从众行为的选择。

（3）不用双重或多重含义的问题。将两个或多个不同问题合并在一起，这样会使被调查者难以回答问题，从而影响调查结果。例如：您认为格力空调的制冷系统和节能系统怎么样？两个问题并在一起，特别是被调查者对两个问题的答案不一致时，不知道应从哪个问题考虑，从而难以作答。

（4）不用需要推论或估计的问题。在设计时问卷时采用推论或估计的问题，这本身就不是真实的事实或行为，因此调查结果的科学性也难以保证。

（5）不用令被调查者难堪、禁忌和敏感的问题。一些关于个人隐私或不为一般社会公德所接纳的问题，往往会引起被调查者的拒答或不真实作答。

三、答案设计的技巧

（一）答案设计类型技巧

在问卷设计中，常见的答案设计类型有以下六种。

1.两项选择答案

例如：在“是”与“否”、“有”或“无”、“好”与“坏”、“喜欢”与“不喜欢”中选择其一。例如：

请问您在半年内购买过抽油烟机吗？

□买过 □没买过

2.多项选择答案

设计两个以上的答案，能更好地反映被调查者的多种意见及其差异程度。例如：

您购买过的洗发水品牌有（多选）

□潘婷 □力士 □多芬 □清扬 □施华蔻 □沙宣 □欧莱雅 □其他

3.顺位式答案

在多项选择基础上，要求被调查者对所选答案进行重要程度或喜爱程度上的排序。例如：

请对以下牙膏品牌按您的喜爱程度进行降序排列（请在□填上数字）

□冷酸灵 □黑人 □舒客 □高露洁 □佳洁士

4.比较式答案

采用对比的方式，在具有可比性的备选答案中进行比对做出选择。例如：

员工食堂和外面餐馆相比，您认为各自的优势是

员工食堂__________________外面餐馆__________________

A.味道好 B.方便快捷 C.价格实惠 D.菜品多 E.干净卫生 F.环境佳 G.服务态度好

5.矩阵式答案

设置多个问题和相对应的多个备选答案，当备选答案相同时，设计成矩阵的格式。

6.表格式答案

如果研究目的是对一个事物的若干个特征进行程度比较，则可将特征和反映特征的程度列成表格形式，由分数决定程度大小。例如：

与您最喜欢的洗发水相比，您认为××洗发水如何？请填写表4-3（在您同意的程度上划“√”）。

表4-3 ××洗发水满意度

	非常满意	比较满意	一般	较不满意	非常不满意
清洁	5	4	3	2	1
泡沫	5	4	3	2	1
气味	5	4	3	2	1
包装	5	4	3	2	1
价格	5	4	3	2	1

（二）答案设计原则

在设计答案时，需注意两个原则：

一是穷尽性原则。每个问题中所列出的备选答案应包括所有可能的回答。

二是互斥性原则。每个问题中所有备选答案必须互不相容，避免在选择时出现双重选择的现象。

任务实施

为保证问卷调查工作的有效性，小张及其团队成员对上一任务所设计的问卷从问题类型、提问措辞和答案设计三个方面进行调整。

实施要点：

（1）整份问卷开放性问句不得超过两个。

（2）问题措辞遵循“五用五不用”原则。

（3）答案类型设计不得少于三种。

任务评价

评价标准：该任务主要考核学生对调查问卷主体设计技巧的运用能力，同时培养学生的分析问题、解决问题能力，以及书写表达能力。总分值 100 分，具体分配见表 4-4 所列。

表 4-4　市场调查问卷任务评价表（三）

序　号	评价项目	评价分值	得　分
1	问题类型符合要求	20 分	
2	问题措辞遵循原则	30 分	
3	答案类型符合要求	20 分	
4	答案设计合理、可行	30 分	

任务检测

1. 在问卷设计中，问题设计“五用”原则是什么？
2. 在问卷设计中，问题设计“五不用”原则是什么？
3. 在问卷设计中，常见的答案设计类型有哪六种？

码上刷题

任务四　评估市场调查问卷

任务描述

经过调查小组的努力，一份经科学组织、编排的问卷初稿就完成了。但是在进行数据收集之前，谨慎起见，还应该对问卷进行一系列的评估与修正，直至取得多方认可。

案例 4-10

电动自行车问卷调查

先生/小姐您好：

我们是××公司民意调查的访员，正在进行一项有关电动自行车的问卷调查，能不能耽误您几分钟的时间，请教您几个问题，谢谢！

访员编号：　　　　　　　　　问卷编号：

访问日期：　　年　月　日　　复查日期：　　年　月　日

访员姓名：　　　　　　　　　督导员姓名：

1.请问您骑电动自行车经验有多少年？（　　）

A. 从未骑过　　B. 1 年以内　　C. 1~3 年

D. 3~5 年　　E. 5 年以上

2.请问您平常的骑车速度大概是多少？（　　）

A. 每小时 10（未含）公里以下

B. 每小时 10~20（未含）公里

C. 每小时 20~30（未含）公里

D. 每小时 30~40（未含）公里

E. 每小时 40 公里以上

3.请问您平均每天大概骑多少公里？（　　）

A. 5（未含）公里以下

B. 5~15（未含）公里

C. 15~25（未含）公里

D. 25~35（未含）公里

E. 35~45（未含）公里

F. 45 公里以上

4.请问您平均每天骑车的时间大概有多久？（　　）

A. 0.5 小时以内　　B. 0.5~1 小时　　C. 1~1.5 小时

D. 1.5~2 小时　　E. 2~3 小时　　F. 3 小时以上

5.请问您骑电动自行车最主要的用途是什么？（　　）

A. 上下班（课）　　B. 配合公司业务使用　　C. 购物逛街

D. 休闲旅游　　E. 其他＿＿＿＿＿＿

6.请问您平常骑电动自行车时，是否经常载人？（　　）

A. 常常载人　　B. 偶尔载人

C. 非常少载人　　D. 从不载人

7.请问您平常骑电动自行车的交通状况是（　　）。

A. 严重塞车　　B. 经常塞车　　C. 不常塞车

D. 畅通无阻　　E. 其他＿＿＿＿＿＿

8.请问您大概多久换一次车？（　　）

A. 1 年内　　B. 1~3 年（未含）年

C. 3~5（未含）年　　D. 5~7（未含）年

E. 7~10（未含）年　　F. 10 年以上

G. 从没换过

9.请问您对目前电动自行车的使用情况是否满意？（　　）

A. 非常满意　　B. 满意　　C. 不满意

D. 非常不满意　　E. 无意见　　F. 不知道

10.请问有哪些地方您觉得是应该改进的？（　　）

A. 降低排气污染　　B. 减少噪声公害　　C. 防止振动设计

D. 增加防风雨日晒设计　　E. 具有倒车功能　　F. 让引擎启动不易熄火

G. 顺利换挡　　H 容易刹车　　I. 减少加速时间

J. 容易控制转弯　　K. 减少车身重量　　L. 其他＿＿＿＿＿＿

11.请问您认为下列哪一种充电方式最方便？（　　）

A. 特定充电站（如加油站）　　B. 到特定场所换电池（每天换）

C. 在自己家里充电　　D. 大楼停车场设公共充电插座

E. 无意见　　F. 其他＿＿＿＿＿＿

12. 对于目前的电动自行车您有什么好的建议？

＿＿＿＿＿＿＿＿＿＿＿＿＿＿＿＿＿＿＿＿＿＿＿＿＿＿＿＿＿＿

基本资料：

1.性别：（　　）

A. 男　　B. 女

2.年龄：（　　）

A. 18~24 岁　　B. 25~29 岁　　C. 30~34 岁　　D. 35~39 岁

E. 40~44 岁　　F. 45~49 岁　　G. 50~54 岁　　H. 55~60 岁

3.教育程度:(　　)

A. 小学及以下　　B. 初中　　C. 高中(职)

D. 专科　　E. 大学　　F. 研究生及以上

4.职业:(　　)

A. 军人、公务员、教师　　B. 工人　　C. 农渔林牧

D. 个体户　　E. 打工族　　F. 学生

G. 家庭主妇　　H. 拒答　　I. 其他______

5.个人月所得:(　　)

A. 1 000 元以下　　B. 1 001~2 000 元　　C. 2 001~3 000 元

D. 3 001~4 000 元　　E. 4 001~5 000 元　　F. 5 001 元以上

G. 拒答

6.地址:(　　)

____县(市)____乡(镇、市、区)____路(街)____号____楼____

7.电话:______________

8.姓名:______________

★★★我们的访问到此全部结束，非常谢谢您！★★★

理论准备

一、问卷的评估

(一)检查问卷中的问题是否必要

在一份问卷中，为满足管理者决策的信息需求，问卷设计人员设计问题时必须保证有足够数量和类型的问题包含在其中。每个具体的调查目的都应该有相应的提问，不能遗漏。而且，每个问题都必须具有一定的目的。要么它是过滤性的问题，要么它是过渡用的问题，要么它是直接地或清楚地与所陈述的特定调查目的有关的问题。如果问题不能达成上述目的其中的一个，就应当删去。

(二)看问卷是否太长

在街上拦截或电话调查的问卷如果访问时长超过 20 分钟，应当考虑删减。如果有比较有吸引力的刺激物，问卷可稍微长一些。

入户访问如果时长超过 45 分钟，也应当提供给被调查者比较有吸引力的刺激物。一般的刺激物有购物卡、充电宝、餐券、商场抵用券、电影票等，使用刺激物实际上经常可以降低调查成本，因为应答率会增加。

（三）邮寄和自填式问卷的外观要求美观

邮寄和自填式问卷是由被调查者自行填写的，问卷的外观是影响被调查者是否填写的一个重要因素。问卷应看上去尽可能规范，应当使用高质量的纸印刷，长度若超过 4 页，应装订在一起。

（四）问卷版面安排应该规范

问卷的四周应留有足够的空白，行间与列间不应太紧凑，以便访问人员或应答者选择适当的行或列。如果把许多东西挤到同一页上，问卷就会看上去繁杂、难度大。拥挤的问卷也会对人们参与调查的意愿产生不利的影响。

开放式问题应给回答者留下足够的空间，否则，得不到多少信息。一般来讲，一个开放式问题应留有 3~5 行空白。市场调查人员要根据问题需要回答的详细程度来决定留下多少空间。

为了清晰表明哪部分是问题、哪部分是说明，应该用有区别的字体，以提醒访问人员。

二、问卷的预先测试与修正

预先测试不是一个调查人员向另一个调查人员实施调查，而是让最终将进行实地调查的最优秀的访问人员对调查的目标应答者实施调查。通过访问寻找问卷中存在的错误解释、不连贯的地方、不正确的调查模式，为封闭式问题寻找额外的选项以及观察应答者的一般反应。预先测试也应当以最终访问的相同形式进行。如果访问是入户调查，预先测试也应当采取入户的方式。

测试完成后，任何需要改变的地方都应当切实修改。在进行实地调查前应当再一次获得各方的认可。

任务实施

通过前续工作，小张及市场调查团队成员根据调查目的和调查内容已经形成了一份市场调查问卷。现在进入问卷设计的最后一步工作，即对前期完成的市场调查问卷进行检测和修正，以保证问卷的完整和可行性。

实施要点：

（1）按指导老师规定格式进行排版。

（2）确定调查问卷目的是否明了，主题是否清晰，并修订。

（3）确定问卷的整体结构是否符合要求，并修订。

（4）确定问卷中所设计的题目是否有明显的不合理性，并修订。

（5）确定问题先后顺序的逻辑性，并修订。

任务评价

评价标准：该任务主要考核学生掌握如何有效地确定询问、评价问句的排列顺序、选择项是否有遗漏等事宜，要保证问卷能收集到达成调研目的所需的信息，具备相应的分析问题、解决问题和逻辑综合能力。总分值 100 分，具体分配见表 4-5 所列。

表 4-5　市场调查问卷任务评价表（四）

序　号	评价项目	评价分值	得　分
1	问卷格式规范	10 分	
2	问卷调查目的、主题清晰	20 分	
3	问卷结构完整	20 分	
4	问卷问题及答案设计合理	30 分	
5	问卷问题排序合乎逻辑	20 分	

任务检测

1. 问卷评估包括哪几个方面的内容？
2. 如何完成问卷的预先测试工作？

码上刷题

项目回顾

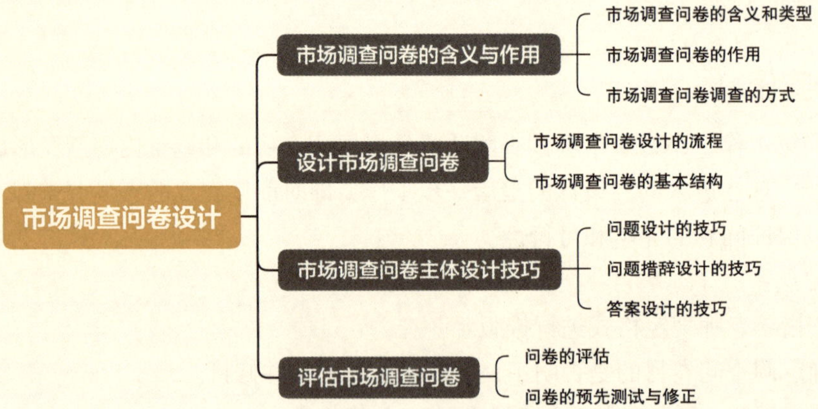

实战演练

实训目标	1.掌握调查问卷的整体结构。 2.掌握调查问卷设计的技巧。 3.掌握在不同情境下调查问卷设计的侧重点。
实训要求	使用问卷星进行自主创业规划调查问卷的设计（问卷中的题目应围绕整体市场的宏观环境及微观环境的调查，如当地的文化环境调查、产品的生命周期调查、市场营销活动的调查等）。问卷问题为封闭式题型及开放式题型相结合，题目数量为 15 个，讨论、修改文件以及问卷的完善并最终定稿。 具体要求： 1.该任务在教师指导下完成，指导教师需规范学生行动，并对实施过程全场指导督促。 2.按照设计程序，小组协作完成，每一小组提交一份成果。 3.考核包括：考勤，纪律，团队协作表现，书面成果内容、格式。
实训成果	每组学生按照要求在课时内完成规定任务后，分别以电子版和打印稿的形式提交给指导老师。

项目五　组织实施市场调查

组织实施市场调查资源库

项目概述

在完整的市场调查活动中，当把市场调查方式确定、市场调查问卷设计完成后，为了能够实现既定的市场调查目标，如何组织实施市场调查是关键，其中包括对市场调查机构的选择、市场调查人员的培训及市场调查人员应该具备的基本素养等。本项目将对市场调查机构的类型、市场信息网络的种类、市场调查人员需要具备的基本素养及如何组织市场调查人员进行有关培训等内容展开详细的介绍。

学习目标

知识目标

1. 了解市场调查机构的有关类型。
2. 明确市场信息网络。
3. 认知市场调查人员培训内容与方式。

能力目标

1. 能进行市场调查人员培训组织。
2. 能对访问过程进行有效控制。
3. 能结合实际情况组织开展市场调查工作。

思政目标

1. 培养作为一名市场调查人员应具备的专业技能和素养，有工作责任感和事业心，重视社会公德。
2. 提高遵纪守法、诚实守信、遵循客观事实规律的职业道德修养。
3. 树立自主学习、终身学习的意识和习惯。

思政小故事

六分钟一见钟情

我国著名企业家马云在一次演讲中，分享了一个“六分钟一见钟情”的故事。

那天，马云去见一个投资人。他没有穿西装打领带，也没有抱着一定要拉到投资的心态，他只想和对方聊一聊自己正在做的事。与其说他是去找投资人，倒不如说他想找一个和他契合的“灵魂伴侣”。上天是眷顾马云的，这次会面刚开始六分钟，马云就喜欢上了这个与众不同的投资人。他称赞对方是有大智慧的人，并颇为感慨地说：“这就是一见钟情。”马云“一见钟情”的对象，可不是女孩子，他是一位来自日本的投资人：孙正义。

在阿里巴巴横空出世之前，只有少数人听过他的名字。孙正义来自日本九州岛，和中日韩三国都有血脉羁绊。很多年前，他的祖先在中国福建生活，后又从福建出海到达韩国。到了孙正义曾祖父这一代，他携妻儿老小，从韩国漂流到了日本，在日本安了家。虽然住在日本，但他们并没有被日本所接受，一直都顶着“外来人”的身份。因为不知道儿子将来会成为哪国人，孙正义的父亲孙三宪就为他取了“正义”这个名字，在中日韩三国，这个名字都毫无违和感。

1981 年，孙正义成立了软件银行公司，这家公司刚成立时只有两个员工。

营业当天，身材矮小的孙正义搬了个啤酒箱子，站在上面激情演讲，和员工分享自己“十年以后赚五百个亿”的梦想。两个员工还没见过这么离谱的“饼”，他们觉得孙正义就是在痴人说梦。两周后，这两名员工离职了，但孙正义的创业热情并未被浇灭。经过细致的市场调查，再结合时代发展趋势，孙正义确定互联网就是朝阳产业。他将所有重心都放在了刚成立不久的软银公司上，企图用它来开启自己的商业帝国。然而，孙正义却一度陷入困境。

软银成立一年半后，孙正义确诊了慢性肝炎，医生说他只有不到五年的时间。孙正义躺在病床上号啕大哭。他想起自己尚在襁褓中的女儿，想起信任支持他的客户，想起他的同事和职员，心中充满了不舍和不甘。为了让软银维持正常运转，孙正义隐瞒了自己的病情，时不时就拖着病体去公司转一圈，稳定人心。直到实在撑不住的时候，孙正义才退居二线，找了一个专业人士替他打理公司业务。养病期间，孙正义看过的书籍多达四千本，其中，《孙子兵法》对孙正义的影响最为深远。

孙正义曾说，如果他没有看过《孙子兵法》，就不会有今天的功成名就。那么，《孙子兵法》到底教会了孙正义什么？首先就是做计划。孙正义认为，《孙子兵法》之所以把计篇放在最前面，就是因为万事都要做计划。

凡事预则立，不预则废，只要准备工作做足，就能大大提升胜率。所以，别看外界对孙正义的评价是“冒险”“激进”和“大胆”，但其实，在做每一项投资决策之前，孙正义都进行了细致的分析调查工作。1995 年，孙正义豪掷 200 万美元，投资了雅虎公司，1996 年雅虎上市，作为最大股东的孙正义身价倍增。1999 年，孙正义进军中国，开启了他的第二波事业高峰，即马云的阿里巴巴。

孙正义到达中国时，马云还过着四处拉投资的苦日子，而孙正义呢，他凭着注资雅虎的经典案例，在中国创业者群体中声名鹊起。接到孙正义请求见面的信件时，马云心中颇为忐忑。见面后，孙正义对马云说道："说一下你的阿里巴巴吧！"马云对孙正义的话并不意外，他侃侃而谈，向孙正义介绍他的公司和梦想。然而，马云只讲了六分钟，孙正义就抬手打断："我想投资你的公司，需要多少钱？"孙正义的单刀直入让马云有点呆愣，他脱口而出："我没打算问你要钱啊！"话音一落，两人就相视而笑，一切尽在不言中。很久以后，马云都对这次会面记忆犹新，他将其看作他和孙正义"一见钟情"的开端，称赞孙正义大智若愚，性格果断得就像是武侠小说中的人物。

其实，孙正义的果断是建立在调查结果之上的。见马云之前，孙正义就对阿里巴巴做了全方位调查，综合评估之后，他决定将阿里巴巴打造成下一个"雅虎"。孙正义的首轮投资是2 000万美元。一开始，他提出注资4 000万美元，被马云婉拒了。当时，中国的国企员工平均月工资只有500元，按照当时的汇率换算，四千万美元相当于3.28亿元人民币。这个数字属实是有点惊世骇俗了，更何况当时的阿里巴巴还只是马云"自娱自乐"的初创项目，未来是否能成功还未可知。所以，战战兢兢的马云只要了2 000万美元，即便如此，这笔钱也十分可观。拿着这笔巨款，马云开始在互联网大潮中乘风破浪。

2004年，孙正义再度追加投资，拿出6 000美元交给马云。十年后，马云在纳斯达克敲钟成功，持股比例超30%的软银狂揽百亿美元的资金，成为最大赢家！

（资料来源：编者根据相关资料整理）

项目导入

小张经过前期的学习及努力，已经确定了本次市场调查采用的方式方法，并将调查问卷设计完成。虽然问卷设计已经完成，但是如何组织实施市场调查，是当前需要解决的问题。他了解到，为了能够更有效地对市场信息进行搜集、整理和分析，需要借助市场调查专业机构的力量及团队成员共同协作完成。

为了更好地开展接下来的市场调查工作，小张需要了解以下问题：

1.当前常见的市场调查机构的类型有哪些？

2.各类市场调查机构的特点及如何选择合适的市场调查机构？

3.市场调查人员应该具备哪些职业素养？

4.如何开展市场调查人员的培训？

任务一　市场调查机构

任务描述

市场调查机构是受部门或企业委托，专门从事市场调查的单位。在市场调查实施过程中，为了更有效地对市场信息进行搜集、整理和分析，就要设立各种市场调查机构，以扩大信息通道，提高信息利用率。

理论准备

一、市场调查机构的类型

市场调查机构的选择

市场调查机构规模有大有小，其隶属关系及独立程度也不一样，名称更是五花八门，但归纳起来，基本上有以下几类。

（一）各级政府部门组织的调查机构

我国最大的市场调查机构为国家统计部门，国家统计局、各级主管部门和地方统计机构负责管理和分布统一的市场调查资料，便于企业了解市场环境变化及发展，指导企业微观经营活动。此外，为适应经济形势发展的需要，统计部门还相继成立了城市社会经济调查队、农村社会经济调查队、企业调查队和人口调查队等调查队伍。除统计机构外，中央和地方的各级财政、计划、银行、工商、税务等职能部门也都设有各种形式的市场调查机构。

（二）新闻单位、大学和研究机关的调查机构

新闻单位、大学和研究机关的调查机构也都开展独立的市场调查活动，定期或不定期地公布一些市场信息。

例如，以信息起家的英国路透社，在全球设立了众多的分社和记者站，目前已成为世界上最大的经济新闻提供者，经济信息收入成为该社的主要来源。

（三）专业性市场调查机构

专业性市场调查机构在国外的数量较多，它们的产生是社会分工日益专业化的表现，也是当今信息社会的必然产物。其中主要有三种类型的公司，见表 5-1 所列。

表 5-1　专业性的市场调查机构

专业公司	主要职能
综合性市场调查公司	专门搜集各种市场信息，当有关单位和企业需要时，只需交纳一定费用，就可随时获得所需资料。同时，它们也承接各种调查委托，具有涉及面广、综合性强的特点

续表

专业公司	主要职能
咨询公司	一般是由资深的专家、学者和有丰富实践经验的人员组成，为企业和单位进行诊断，充当顾问。这类公司在为委托方进行咨询时，也要进行市场调查，对企业的咨询目标进行可行性分析。当然，它们也可接受企业或单位的委托，代理或参与调查设计和具体调查工作
广告公司的调查部门	广告公司为了制作出打动人心的广告，取得良好的广告效果，就要对市场环境和消费者进行调查。广告公司大都设立调查部门，经常大量地承接广告制作和市场调查

近年来，我国也出现了许多专门从事经济信息调查、咨询服务公司，它们既有国有公司，也有集体、私营公司（集体和私营公司的不断发展趋势尤为引人注目），它们承接市场调查任务、提供商品信息，指导企业生产经营活动，在为社会服务的同时，自身也取得了很好的经济效益。

（四）企业内部的调查机构

目前国外许多大型企业和组织，根据生产经营的需要，大都设立了专门的调查机构，市场调查已成为这类企业固定性、经常性的工作。

例如，可口可乐公司设立了专门的市场调研部门，并由一个副经理负责管理。这个部门的工作人员有调查设计员、统计员、行为科学研究者等。

二、市场信息网络

市场信息网络是现代市场调查的一种新形式，也可算作是一种新的特殊的市场调查机构。市场信息网络可分为宏观市场信息网络和微观市场信息网络两种，如图 5-1 所示。

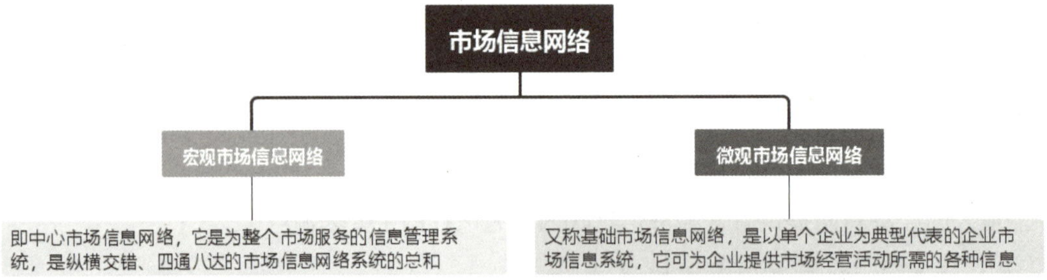

图 5-1 市场信息网络

我国自 20 世纪 80 年代起，也逐步建立起各种经济信息网络，其中影响较大的有以下几种形式，见表 5-2 所列。

表 5-2 市场信息网络形式

信息网络形式	简要概况	举例
行业性市场信息网络	它是以行业为主体，广泛建立信息点组织调查，搜集信息，进行综合分析。按照这种网络的地域覆盖范围不同，可分为全国性、地区性和企业性三类	以中国人民银行系统为例，中国人民银行信息网联系全国各地分行，建立了银行经济信息网，它们曾多次对全国许多产品的供销情况进行调查和预测，并发布信息，对商品生产和商品流通起着重要的指导作用
以产品为主体的市场信息网络	它是以产品为龙头，广泛组织有关单位参加，以自愿为原则，互相交换信息	全国汽车信息网络，收集、汇总了全国各类汽车的产供销信息资料，为我国汽车工业走向市场、科学决策提供了可靠的依据
联合性市场信息网络	这种网络不受行业和产品的限制，按照一定的市场活动需要自动联合，互相交流信息。这样，商品生产者、转卖者和用户都可以借助计算机网络直接了解某种商品的销售和库存情况，根据不同情况合理安排生产和流通，从而把产、销、用三者紧密地联系起来	商业部门是沟通生产和消费的桥梁，各类商品的购、销、存数量，以及品种、价格及消费者的意见、反映、市场行情的动态趋势等，都能在此得到体现。通过工商企业的信息沟通，就能把局部的、零散的、不协调的信息集中形成准确、系统的信息，并直接指导商品再生产过程
临时性市场信息网络	这主要是通过会议或展览的形式，临时组织有关信息人员参加会议、沟通信息	各类市场上所进行的商品交易活动是公开的、具体的，展销商品陈列顺序、明码标价，产品质量有详细介绍或可凭经验判断。因此，各种各样的商品交易会、展销会、订货会等可将买卖双方汇集于一处，成为一个信息的交汇点和集散地

市场信息网络具有以下几个优点，见表 5-3 所列。

表 5-3 市场信息网络的优点

优点	说明
整体性	信息网络是一个有机整体，构成网络的各个要素之间互相协调、互相配合，实现信息搜集和反馈的最优化
经常性	信息网络多数要求定时交流信息，以提高经济信息时效性
广泛性	信息网络覆盖面广，可以涉及市场的各个领域
灵活性	各种信息网络可以相互交叉、互通有无
开放性	信息网络是以搜集、贮存、处理和传递信息为目的而建立起来的；开放性使信息源源不断地流入和流出，有效地实现信息的传递和交流，发挥信息的最大效益。同时，开放性特点也要求其信息网络必须面对市场、加强市场调查

三、市场调查机构的应用

当企业缺乏必要的市场调查机构，或对有效实施市场调查感到力不从心时，可以考虑借助企业外部的专业性市场调查机构来完成调查任务，如委托广告公司、咨询公司、信息中心等机构进行市场调查。

由专业性的市场调查机构进行市场调查有以下两点好处：一是这些机构具有高效的市场调查所必需的各种条件，如完善的资料、深厚的学术理论基础、有效的调查实务经验和精密的调查工具等。借助这些机构，能提高调查结果的准确性。二是由这些机构进行调查，工作人员比较专业，容易得到比较客观和有助于决策的建议。

（一）企业需明确调查内容

当企业需要委托市场调查专业机构进行调查时，应做到知己知彼，慎重地选择合作对象，以取得事半功倍的效果。企业在委托调查机构完成调查任务时，应首先明确以下几点。

（1）希望调查机构提供何种调查活动。目前市场调查机构的活动范围日趋广泛，包括确定市场特征、衡量市场潜力、市场份额分析、企业趋势分析、竞争产品研究、价格调查、短期预测等多种。

（2）希望提供综合性服务还是某种专门或特定性服务。

（3）是长期合作还是短期合作。

（4）是否希望他们提供某种额外的服务。

（5）在调查时间上有何要求？提交调查报告的最后期限。

（6）调查预算为多少？

（7）资料是归企业独家享用，还是与调查机构共享。

企业可以根据上述问题，做出委托调查计划，用来与市场调查机构进行洽谈。

（二）企业需明确对调查机构的选择

企业在选择市场调查机构时，必须了解和考虑以下几个方面的因素。

（1）目前有哪些市场调查机构，如何与它们联系。

（2）调查机构的信誉。调查调查机构在同业界的声誉和知名度，严守职业道德及公正原则的情况，限期完成工作的能力等。

（3）调查机构的业务能力。调查调查机构内专业人员实务能力的高低；能否提供有价值的资讯，它们是否具备创新观念、系统观念、营销观念。

（4）调查机构的经验。这包括调查机构创建的时间长短，主要工作人员的服务年限，已完成的市场调查项目性质及工作范围等。

（5）市场调查机构所拥有的硬件和软件条件。硬件包括信息搜集、整理和传递工具的现代化程度；软件包括调查人员的素质及配备情况。

（6）调查机构收费合理性。收费合理性包括调查机构的收费标准和从事本项调查的费用预算等。对于委托调查的企业来讲，一旦委托调查机构进行市场调查后，应给予信任和授权，并提供充分的协助，使调查能顺利进行。对于受委托的调查机构来讲，应严守职业道德，时刻为用户着想，为用户提供满意的服务。在接受委托后，应迅速适应委托企业的经营环境。对现有资料加以消化，提出市场调查建议书，内容包括：市场调查的重点及可能结果，提供市场报告的时间，市场调查预算及收费条件，企业应有的协助等。在委托企业接受市场调查建议书后，即可实施调查，在提出市场报告后，还应注意随时为委托企业提供调查后服务，以求取得长期合作的机会，并树立良好的信誉。

案例 5－1

顾客俱乐部

通过成立“顾客俱乐部”来建立数据库是一种正逐渐盛行起来的方法。例如，卡夫公司邀请孩子们加入“奶酪与通心粉俱乐部”，只要有 3 张购买证明，1 张填写好孩子的（当然还有妈妈的）姓名和地址的会员单，外加 2.95 美元，就会得到卡夫公司送出的礼物；惊人者娱乐公司正利用它记录着 3 600 万个家庭和每天的 200 万宗交易的数据库，来帮助它的录像带租借顾客选择影片，并吸引他们购买公司的其他附属产品；冯氏公司已经将它的购物卡提升为俱乐部卡，以此卡为基础建立了一个能自动对促销商品进行打折的数据库。

任务实施

假如你是一家乳制品公司的产品经理，贵公司准备开发一款新口味的酸奶，开发之前需要进行消费者市场调查。为了更有效地开展本次调查，贵公司准备委托给专业的市场调查机构来完成。

实施要点：

（1）了解市场调查机构的类型及特点，并选择适合本次市场调查目标的市场调查机构。

（2）撰写一份市场调查机构的相关报告提交给公司上级领导进行审阅。

任务评价

评价标准：该任务研究报告对市场调查机构的类型描述准确、特点鲜明、语言通顺；通过该研究报告可以做出符合本次市场调查目标的市场调查机构的适当选择。总分值为 100 分，具体分配见表 5－4 所列。

表 5－4　市场调查机构任务评价表

序　号	评价项目	评价分值	得　分
1	市场调查机构类型的完整性	20	
2	各类市场调查机构的特点及优劣势对比分析	50	
3	本次市场调查机构选择的适当性	30	

任务检测

1.企业在委托市场调查机构完成调查任务时需要注意哪些问题?

2.市场信息网络包括哪几种形式?

3.怎样借助市场调查机构开展相关市场调查活动?

码上刷题

任务二　市场调查的人员组织和管理

任务描述

市场调查人员是调查工作的主体。在市场调查中，调查人员的组织和管理直接影响着市场调查结果的准确性和客观性。一个优秀的调查人员不仅能够通过和善的态度以及高超的调查技巧取得问卷的相关信息，还能通过自身敏锐的观察力捕捉到隐含的内容。因此，为保证市场调查工作的质量，市场调查机构应重视对人员的组织、选择和培训等工作。

理论准备

一、市场调查人员的素质

在实际调查工作中，市场调查机构须根据调查工作量的大小及调查工作的难易程度，配备一定数量并有较高素质的工作人员。

按市场调查的客观要求，调查人员应具备以下三个方面的基本素质，见表5-5所列。

表5-5　市场调查人员基本素质

基本素质	具体素质要求
思想品德素质	坚持四项基本原则，具有强烈的社会责任感和事业心；具有较高的职业道德修养，工作中能实事求是、公正无私；工作认真细致；具有创新精神；谦虚谨慎、平易近人
业务素质	较广博的理论知识，具有较强的业务能力(具有利用各种情报资料的能力，具有对调查环境较强的适应能力，具有能够分析、鉴别、综合信息资料的能力，具有较强的语言和文字表达能力)
身体素质	一是体力，二是性格

由表5-5可以看出，一个合格的市场调查人员应是勤学好问、有思想、有知识并具有创造性的，他们必须善于倾听、善于思考、善于提出问题、分析问题和解决问题。但是也要注意以下两点：

第一，人的素质和才能是有差异的，造成这种差异的原因既有先天因素，也有后天因素。无数事实证明：先天不足是可以通过后来的教育、培训来弥补的，是可以扭转的。要达到调查工作需要的理想标准，就要不断地通过各种途径，利用各种方法提高素质。

第二，前面所讲到的各种素质是针对调查人员的个人素质而言的。在实际调查中，调查任务是通过组建一支良好的调查队伍来完成的。因此，除了对调查人员基本思想、品德有一定要求以外，不必要、也不可能要求所有调查人员同时具备这些素质，而只能对调查队伍的整体结构加以考虑，包括职能结构、知识结构、年龄结构、性别结构等，通过人员的有机组合，取长补短，提高调查效率。

案例 5－2

三个业务员寻找市场

美国一个制鞋公司要寻找国外市场，公司派了一个业务员去非洲一个岛国，让他了解一下能否将本公司的鞋销售给他们。这个业务员到非洲后待了一天发回一封电报：“这里的人不穿鞋，没有市场。我即刻返回。”公司又派出了一名业务员，第二个人在非洲待了一个星期，发回一封电报：“这里的人不穿鞋，鞋的市场很大，我准备把本公司生产的鞋卖给他们。”公司总裁得到两种不同的结果后，为了解到更真实的情况，于是又派去了第三个人。该人到非洲后待了三个星期，发回一封电报：“这里的人不穿鞋，原因是他们脚上长有脚疾，他们也想穿鞋，过去不需要我们公司生产的鞋，因为我们的鞋太窄。我们必须生产宽鞋，才能适合他们对鞋的需求，这里的部落首领不让我们做买卖，除非我们借助于政府的力量和公关活动搞大市场营销。我们打开这个市场需要投入大约 1.5 万美元。这样我们每年能卖大约 2 万双鞋，在这里卖鞋可以赚钱，投资收益率约为 15%。”

由此案例可以看出，三个业务员对同一个地区的市场情况做出了不同的分析判断：第一个业务员缺乏一种职业敏感度，因而眼中无市场；第二个业务员虽然看见有市场，但没有对消费者的需求及市场的容量进行分析；第三个业务员结合市场调查的数据不仅分析了消费者需求的特点及市场的容量，还对企业的利润回报率进行了预测。三个业务员身上表现出的职业素质，实质上反映了他们不同的职业观念。

二、市场调查人员的培训

（一）培训的基本内容

市场调查人员的重要作用以及市场对调查人员的客观要求，都提出了对人员进行培训的问题。培训的内容应根据调查目的和受训人员的具体情况而有所不同，具体见表 5－6 所列。

市场调查人员选择与培训

表 5-6　市场调查人员培训内容

培训项目	培训内容
思想道德方面的教育	组织调查人员学习市场经济的一般理论，国家有关政策、法规，充分认识市场调查的重要意义，使他们有强烈的事业心和责任感，端正工作态度和工作作风，激发调查的积极性
性格修养方面的培养	对调查人员在热情、坦率、谦虚、礼貌等方面进行培训
市场调查业务方面的训练	不仅需要讲授市场调查原理、统计学、市场学、心理学等知识，还需要加强问卷设计、提问技巧、信息处理技术、分析技术及报告写作技巧等技能方面的训练，以及有关规章制度的教育；规章制度也应列入培训的内容，调查人员必须遵守组织内部和外部的各种规章制度，这是调查得以顺利进行的保证

（二）培训的途径和方法

1.培训的途径

培训有两条基本途径：一是业余培训，二是离职培训。业余培训是提高调查人员素质的有效途径，是调动调查人员学习积极性的重要方法，它具有投资少、见效快的特点。离职培训则是一种比较系统的训练方法，它可以使调查人员集中精力和时间进行学习。离职培训可以采取两种方式：一种是举办各种类型的调查人员培训班；另一种是根据调查人员的工作特点和本部门的需要，送他们到各类经济管理院校相应专业，系统学习一些专业基础知识、调查业务知识、现代调查工具的使用知识等。这种方法能使调查人员有较扎实的基础，但投资较大。

2.培训的方法

培训方法主要有以下几种，培训时可根据培训目的和受训人员情况加以选用。

（1）集中讲授方法，这是目前培训中采用的主要方法。就是请有关专家、调查方案的设计者，对调查课题的意义、目的、要求、内容、方法及调查工作的具体安排等进行讲解，在必要的情况下，还可讲授一些调查基本知识，介绍一些背景材料等，采用这种培训方法，应注意突出重点、针对性强、讲求实效。

（2）以会代训方法，即由主管市场调查的部门召集会议代为培训。有两种形式的会议：一是开研讨会，主要就需要调查的主题进行研究，从拟定调查题目到调查的设计，资料的搜集、整理和分析调查的组织等各项内容逐一研究确定；二是开经验交流会，大家可以互相介绍各自的调查经验、先进的调查方法、手段和成功的调查案例等，以集思广益、博采众长、共同提高。采取以会代训方法，一般要求参加者有一定的知识水平和业务水平。

（3）以老带新方法，这是一种传统的培训方法，它是由有一定理论和实践经验的人员，对新接触调查工作的人员进行传授，使新手能尽快熟悉调查业务，得到锻炼和提高。这种方法能否取得成效，取决于有经验者是否无保留地传授，学者是否虚心求教。

（4）模拟训练方法，即人为地制造一种调查环境，由培训者和受训者或受训者之间相互分别扮成调查者和被调查者，进行二对一的模拟调查，练习某一具体的调查过程。模拟时，要将在实际调查中可能遇到的各种问题和困难表现出来，让受训者作出判断、解答和处理，以增加受训者的经验。采用这种方法，应事先做好充分准备，模拟时才能真实地反映调查过程中可能出现的情况。

（5）实习锻炼方法，即在培训者的策划下，让受训者到自然的调查环境中去实习和锻炼。这样做能将理论和实践有机地结合，受训者在实践中发现各种问题，在实践中培养处理问题的能力。采用这种方法，应注意掌握实习的时间和次数，并对实习中出现的问题和经验及时进行总结。

任务实施

小张所在的公司接到一家酸奶企业的邀请，请其为该公司的市场调查人员继续相关业务培训。

实施要点：

（1）列举对该酸奶企业的市场调查工作人员进行相关的素质及基本技能培训内容和要点。

（2）设计主要的考评依据。

任务评价

评价标准：该任务主要考核对市场调查工作人员所应具备素质的熟悉性，在进行人员培训时应培训哪些技能。总分值为100分，具体分配见表5-7所列。

表5-7　市场调查人员培训任务表

序　号	评价项目	评价分值	得　分
1	所列举的技能素质详细、全面	50	
2	技能素质与市场调查工作要求相符合	50	

任务检测

1. 市场调查人员培训的途径有哪些？
2. 市场调查人员培训的方法包括哪些？
3. 市场调查人员应该具备的基本素质包括哪些？

码上刷题

项目回顾

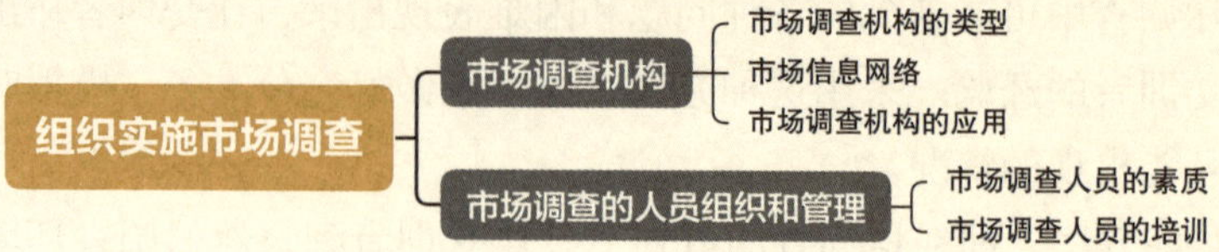

实战演练

实训目标	1. 能够掌握市场调查机构的主要类型，选择合适的市场调查机构实现调查目标。 2. 能够组织市场调查人员培训计划的制订，安排市场调查人员培训的主要内容。
实训要求	为了实现市场调查目标，各实训小组根据其所制订的市场调查方案，选择恰当的市场调查机构，并安排相关工作人员。 具体要求： 1. 每个小组再次梳理市场调查方案的目的及市场调查内容，根据实际需求选择适当的市场调查机构。 2. 设计市场调查人员的培训方案，包括培训目标、培训内容、培训方式及培训时间等。 3. 以此为基础，完成一份市场调查机构选择及人员培训的设计方案。
实训成果	1. 逻辑清晰，市场调查人员培训计划制订详细、符合实际要求，可操作性强。 2. 小组成员分工明确，所选择的市场调查机构符合调查目标。

项目六　市场调查资料的整理和分析

市场调查资料的整理和分析资源库

项目概述

调查资料的整理与分析是市场调查工作中的两个重要阶段。调查资料的整理是对调查到的大量数据资料进行审核、分类、编码、汇总、编制成各种图表，使其条理化、系统化，以显示出现象的总体特征。调查资料的分析则是运用各种方法分析各种变量之间的相互关系，计算各种综合指标，对所掌握的数据资料加以分析和评价，从而认识现象的本质和规律。

学习目标

知识目标

1. 理解整理市场调查资料的步骤。
2. 掌握市场调查资料整理的方法。
3. 了解市场调查资料分析的意义。
4. 熟悉市场调查图表列示的要求。

能力目标

1. 能按照科学的步骤完成调查资料的整理、分类、汇总、录入。
2. 能够将汇总后的资料和数据编制成表，绘制成图后选择恰当的方法进行结果分析。

思政目标

1. 提高对“大数据”“云计算”等新知识、新技术的认知和学习积极性。
2. 提高对“Word”“Excel”等计算机软件的实际操作能力。
3. 自觉践行社会主义核心价值观，对数据的收集、整理和分析实事求是，不弄虚作假。

思政小故事

大禹治水

传说帝尧时期，洪水成灾，天下百姓深陷愁苦之中。尧帝命禹的父亲鲧去治理洪水。鲧率众筑坝修堰，费了九年功夫，因没把大水治服，被尧帝流放，后诛杀于羽山。

舜继承帝位后，便命鲧的儿子禹（此时禹已做了部族首领）继续治理洪水。禹欣然领命，但他没有贸然行事，而是首先认真总结父亲鲧治水的教训，寻找治水失败的原因。然后，他率领伯益、后稷等一批忠实助手，跋山涉水、顶风冒雨到洪灾严重地区进行勘察，了解各地山川地貌，摸清洪水流向和走势。他制定统一的治水规划，在此基础上才展开大规模的治水工作。他鉴于前辈治水无功主要是因为没有根据水流规律因势利导，大胆改用疏导和堰塞相结合的新办法。历时十三年之久，最后把洪渊填平、河道疏通，使水由地中行，经湖泊河流汇入海洋，有效治服了洪水。

由此故事可以看出，没有调查就没有发言权。准确的信息收集、处理工作，明确的目标确定，合理的任务安排、布局，对于推动一个项目的成功非常重要。

（资料来源：编者根据相关资料整理）

项目导入

小张所在的项目组今天又接到一个调查任务，需要对某高校的万名在校大学生开展市场调查工作。他们随机发放了大学生消费问题调查问卷 1 000 份，对大学生的月消费水平、支出类别及金额、生活资金及来源、社会兼职及目的、家庭收入、自我评价等问题进行问卷访谈。之后，项目组对问卷进行了回收。对这些回收的问卷，项目组需要进行梳理，对相关数据进行编码、录入，并进行相关分析。

为此，项目组成员明确以下几点问题：

1. 如何确认数据资料并对数据进行编码和录入？
2. 可否选择有经验的经营管理人员（专业人员）或行业专家协助支持？
3. 可否向经营管理人员或行业专家发放市场数据资料，提出市场分析项目和期限？
4. 如何对各种分析预测意见进行比较、评价、归类，最后确定分析预测结果？

任务一　市场调查资料的整理

任务描述

市场调查资料整理首先是从调查问卷的回收与登记开始的。同时，为保证调查资料的准确、真实和完整，还必须对资料进行严格的审核，以确定哪些问卷是合格的，可以接受；

哪些问卷是不合格的，必须作废。资料审核以后，即可以进行分组研究。资料分组是资料整理中最重要的环节，准确的分组能够揭示现象的本质和特征。在保证调查资料准确性的前提下，分组是否合理、科学，关系到整个调查统计分析研究的成败。

案例 6-1

阿里品质消费指数报告

（一）从单车到共享电单车，互联网深刻影响中国消费

公开数据显示，2019 年我国共享电单车数量已达 100 万辆，成为大城市居民出行的重要交通工具，预计 2025 年共享电单车投放车辆将达到 800 万辆。这种高度互联网化的产品，其背后是LBS、共享经济等新技术和新模式的逐渐成熟大大颠覆了人们对单车的认识。

从共享单车到共享电单车，其实是当前中国消费升级的一个缩影，互联网正在深刻影响着中国消费。据商务部统计，2020 年，我国网上零售额达 51 555.7 亿元，比上年增长 26.2%，在社会消费品零售总额中所占比重为 12.6%，比上年提升 1.8 个百分点。

在网络零售快速崛起的背景下，消费升级的趋势也愈加明显。消费品市场结构持续优化，新兴业态快速增长，品质消费、绿色消费、智能消费等亮点频现。

（二）1.2 万亿元：阿里零售平台中高端消费相当于国人一年境外消费总额

报告指出，中国消费升级正在呈现“X”现象。报告对比了最近 5 年社会消费品零售总额增速和阿里品质消费指数的增速，发现两者呈现此起彼伏的“X”形交叉曲线。一方面，由于总体规模的不断扩大，社会消费品零售总额增速呈现趋缓，5 年间增速下降了 5.3 个百分点；另一方面，阿里品质消费指数的增速则从 5 年前的 26.8%，增长到 2019 年的 34.4%，上升了 7.6 个百分点。这说明，“降速增质”有望成为未来中国消费的重要特征。

阿里研究院这样定义品质消费的背后含义：中高端及以上的商品消费金额在总消费中的占比，占比上升意味着品质消费上升。报告统计，2020 年全年，阿里零售平台中高端消费总额达 1.2 万亿元人民币，相当于我国 2019 年全年境外消费总额。

报告指出，2020 年，运动户外、家具、手机数码行业的品质升级表现尤为突出。根据网民消费的热点分布，阿里研究院推出了 2020 年品质消费“十大件”商品，分别为：洗碗机、自平衡电动车、健身衣、出境游、乳胶床垫、唇彩 / 唇蜜、一体智能坐便器、抽湿器、温灸器和花瓶。

从年龄结构来看，“身心愉悦的‘60 后’ VS 宅又讲究的‘90 后’”成为最大看点。滋补营养品、文化娱乐、收藏 / 字画是“60 后”线上消费者的最爱，“90 后”则更多地花费在外卖 / 零食、数码游戏、美妆护理产品上。

从区域来看，东北品质消费指数领先全国，出乎很多人的意料。近 5 年来看，东北品质消费指数始终排名最高，其次是东部和西部，中部则排名最低。

阿里研究院分析认为，东北品质消费指数领先的原因包括更开放的消费观念、网购人群以高购买力人群为主、人口结构等。

理论准备

一、调查问卷的回收与登记

伴随着实地调查的展开，调查人员应及时进行问卷的回收与登记工作。在回收过程中，应加强责任制，保证问卷的完整和安全。要做好问卷的登记和编号工作，从不同调查地点由不同调查人员交回的问卷，都要立即登记和编号。

市场调查资料的整理

一般事先需要专门设计登记表格，具体内容有：

（1）调查地区及编号，调查员姓名及编号。

（2）调查实施的时间，问卷交付的日期。

（3）问卷编号。

（4）实发问卷数、上交问卷数、未答或拒答问卷数、丢失问卷数等。

回收的问卷应分别按照不同调查人员和不同地区（或单位）放置，醒目标明编号或注明调查人员和地区、单位，以便整理和查找。

如果发现没有满足抽样设计中对子样本的配额规定，应及时在正式的整理工作开始之前对不足份额做补充访问。

二、市场调查资料的审核

审核资料是资料整理工作的基础，通过对原始资料进行审查核实，可以避免调查资料的遗漏、错误或重复，保证调查资料准确、真实、完整和一致，达到调查资料整理的目的和要求。

（一）审核内容

调查资料审核具体包括完整性、准确性、一致性和及时性审核等方面。

1.完整性审核

完整性审核主要看应调查的单位是否都已调查，问卷或调查表内的各项目是否都填写齐全，也就是检查是否有单位无回答或项目无回答，回收的问卷有无缺页或多页的情况等。如果发现没有答案的问题，可能是被调查者不能回答或不愿回答，也可能是调查人员的疏忽所致，则应立即询问，填补空白问题。如果问卷中出现“不知道”的答案所占比重过大，就会影响调查资料的完整性，应采取适当措施处理并加以说明。

2.准确性审核

准确性审核主要看调查资料的口径、计算方法、计量单位等是否符合要求。剔除不可靠的资料，使资料更加准确。调查资料还要清楚易懂，即如果所记录的回答字迹模糊，或者除调查人员以外谁都不明白，则应返回问卷，让调查人员校正或写清楚。

3. 一致性审核

一致性审核主要检查被调查者的回答是否前后不一致，有无逻辑错误。例如，某位被调查者在前面说她在前一天晚上看见某电视广告，后面又说自己前一天晚上没看电视。调查人员在审核调查问卷时，可能发现某一位被调查者的回答前后不一致，或者一个资料来源收集的数字与后来从其他资料来源收集的数字不一致，这就需要调查人员深入调查，探询原因，从而调整资料，使之真实、准确。

4. 及时性审核

及时性审核主要审查各被调查单位是否都按规定日期填写和送出，填写的资料是不是最新资料。现代市场活动节奏越来越快，只有代表市场活动最新状态的市场信息才是实用价值最高的信息，切勿将失效、过时的信息引入决策中。此外，要剔除不必要的资料，把重要的资料筛选出来。

（二）审核的主要方法

1. 经验判断

经验判断就是根据已有经验，判断数据是否真实、准确。例如，如果被调查者的年龄填写为 141 岁，根据经验判断，年龄填写肯定有误。

2. 逻辑检查

逻辑检查就是根据调查项目之间的内在联系和实际情况，对数据进行逻辑判断，看是否有不合情理或前后矛盾的情况。例如，某被调查者的年龄填写为 14 岁，而婚姻状况却填“已婚”，其中必有一项是错误的；又如，某消费者前面说“不知道”某洗发水，后面却说“每天都在使用”，显然前后矛盾。

3. 计算审核

计算审核就是对数据资料的计算技术和有关指标之间的相互关系进行审查，主要看各数字在计算方法和计算结果上有无错误。例如，在家庭的收支结构检查中，家庭总收入远小于总支出与储蓄之和，这种情况肯定是有错误的。

（三）审核的基本步骤

资料审核的步骤大致可分为接收核查问卷、编辑检查、采取相应处理措施三个阶段。如图 6-1 所示。

图 6-1　审核的基本步骤

1. 接收核查问卷

接收核查问卷又称一审。从不同地区、不同调查员交回的问卷，都应该立即登记和编号，尤其对于大规模的调查，更应做好登记和编号工作。一般负责接收问卷的人员要事先设计好登记表格，上面列有调查员姓名和编号、调查地区和编号、调查实施的时间、交付的日期、实发问卷数、上交问卷数和问卷编号、未答或拒答问卷数、丢失问卷数以及合格问卷数等。回收的问卷应分别按照不同调查员和不同地区（或单位）放置，问卷表面应写有编号或注明调查员和调查地区等。否则，大量的问卷混在一起，容易丢失问卷，而且不易查找。登记的过程中将无效的或不能接受的问卷剔除。

2.编辑检查

编辑检查又称二审，是对问卷进行更为准确和精确的检查，主要检查的仍是回答的完全性、准确性、一致性以及是否清楚易懂等。例如，在消费品市场调查中，某被调查者的家庭人均月收入仅 5 000 元，却经常在一些高档商场购物；又如，某题的答案圈在 1 和 2 之间，让人难以确定是 1 还是 2，或 1 和 2 之间。

3.采取相应处理措施

对于检查出来的无法令人满意的问卷，常用的处理方法有退回实地重新调查、视为缺失数据和放弃不用。

任务实施

小张所在的项目组根据发放的大学生消费问题调查问卷开展问卷的回收和处理工作。

实施要点：

（1）问卷的回收与汇总：

①按实际调查情境将所调查的所有问卷进行分类。

②将分好类的问卷按照情境要求进行科学的整理。

（2）将问卷中大量的、零散的信息根据需求进行科学的整理与汇总，使之转变为系统的、有规律的资料：

①按照调查的主题和方向进行问卷中问题的筛选，将必需的、重要的、能够反映出明显的调查现象的问题进行初步的选取。

②将筛选好的问题按照问题的类型进行分类。

任务评价

评价标准：该任务主要考核学生对市场调查问卷信息回收基本知识的掌握，主要是分类和审核的方法、步骤，对调查问卷信息筛查完整性和准确性的把握，学生的团队配合意识和沟通能力等。总分值 100 分，具体分配见表 6-1 所列。

表 6-1　市场调查问卷整理任务评价表

序　号	评价项目	评价分值	得　分
1	调查问卷的回收与登记	20 分	

续表

序 号	评价项目	评价分值	得 分
2	调查问卷的审核	50分	
3	处置有问题问卷	30分	

任务检测

1.简述市场调查资料审核的基本内容。
2.市场调查资料审核包括哪三个步骤?
3.简述市场调查资料审核的方法。

码上刷题

任务二 市场调查资料的编码与录入

任务描述

资料汇总阶段往往需要处理大量的数据资料，传统的手工汇总技术效率低、速度慢，已经退居次要的辅助地位，目前市场调查工作一般采用电子计算机汇总处理技术。运用计算机进行数据处理，首先需要对资料进行编码，然后将数据录入计算机，通过计算机软件（如Excel、SPSS等）进行处理。

理论准备

一、编码

（一）编码的概念

编码就是将问卷信息（包括调查问题和答案）转化为统一设计的计算机可识别的代码，以便于对其进行数据整理与分析。编码是信息转换的重要手段之一，在市场调查中，编码是一个不可忽视的重要环节。

编码的设计即确定各问卷、问卷各项目和答案对应代码的名称、形式、范围以及与原数据的对应关系。编码的作用主要表现在：

（1）减少数据录入和分析的工作量，节省费用和时间，提高工作效率。

（2）将定性数据转化为定量数据，把整个问卷的信息转化为规范标准的数据库，进而可以利用统计软件，采用统计分析方法进行定量分析。

（3）减少误差。量化的数据简单易懂，不像文字资料容易丢失重要信息，在编码过程中，还可以利用编码修正回答误差，替代缺失值，这都有助于减少调查误差。

（二）编码设计的内容

编码的设计即确定各问卷、问卷各项目和答案对应代码的名称、形式、范围，以及与原数据的对应关系。内容包括以下几点。

1. 问卷的代码

问卷的代码主要包括地区代码、街道代码、居委会代码、调查员代码以及问卷代码等。例如，某问卷的代码为“1041508”，第一位数字“1”表示北京市，后面两位数字“04”表示调查员代号，再后面两位数字“15”为居委会代号，最后两位数字“08”表示该调查员在该居委会成功调查的第八份问卷。问卷的代码看上去很简单，但非常必要。因为通过问卷代码，不仅可以方便查找问卷、检查访问员的工作，还有助于地区间的对比分析。

2. 变量的定义

对问卷变量和取值的编码设计比较复杂。一份市场调查问卷通常包含若干问题。为了统计处理方便，在数据输入计算机之前，必须先给每一个问题或变量起一个变量名称。变量名称一般是用英文字母或数字的组合，可以用B（Background）代表背景部分，而B1代表背景部分第一个问题，以此类推；可以用Q（Question）代表主体问题，而Q1代表第一个主体问题，以此类推；可以用S（Sink）代表问卷的筛选问题，而S1代表第一个筛选问题，以此类推。某项调查的编码表格式见表6-2所列。

表6-2　某项调查的编码表格式

变量序号	变量名	变量类型	变量所占字节	取值范围	取值对应含义	备注	对应题号	对应问题
1 … 38	Code … V 28	数值型 … 数值型	7 … 1	0~4或9	1051202 … 0-3表示台数；4表示4台或4台以上；9表示缺失		问卷编号 … 28	家中拥有电视机数

案例 6-2

市场调查实践中的编码技巧

（一）实践中容易导致编码误差的因素

（1）被调查者的回答可能不完整、比较含糊，难以确认其含义，对这类答案无法编码。

（2）编码表有问题，例如答案类别相互交叉，或缺少重要的答案类别，令编码人员无法准确归类。

（3）编码人员对语句的理解有误，使得编码错误，产生误差。

（4）编码人员疏忽大意，造成漏码和错码，不仅耽误时间、浪费人力，还可能严重破坏数据质量。

各变量都有自己的取值范围，落在范围外的码为无效码。审核时可以设计程序，查出无效码和漏码，但在有效范围内的编码错误很难检查。

（二）应采取的预防措施

（1）设计问卷时，答题说明应尽量详细一些；调查时，访问员询问要耐心、认真，记录要忠于原句，必要时还要进行追问，这样可以减少由答案本身引起的编码误差。

（2）编码人员在遇到模棱两可的问题时，不能凭猜测编码，最好询问督导；督导应针对该类问题，制定统一标准，以便于修正。

（3）尽量保证编码表的质量，避免由编码表引起的编码误差。

（4）在编码表中找不到对应答案时，可以编入“其他”项。但如果该答案比较重要或出现频率较多，可以通过增加、细分答案类别来修改编码表，有时甚至可以放弃原编码表，设计新的编码表。修改编码表后，一定要记住返回前面编过码的问卷，检查所编的码是否还适用于新编码表。

（5）编码人员对编码质量的影响至关重要，一定要做好编码人员的选择、培训、监督、审核工作。一般对编码人员的挑选以少而精为原则，要求他们具有较高的文化素质和理解能力，有敬业精神，并且工作认真仔细。每次编码工作开始之前，都要对其进行统一的详细培训，让他们熟悉问卷和编码表。在编码过程中要安排督导及时解决疑难问题，监督编码人员的工作，并定期抽查他们的工作质量。

（三）编码设计的分类

根据问卷结构的不同，编码设计可分为结构式问卷编码设计和非结构式问卷编码设计。

根据问卷中问题的类型不同，相应的编码设计也可分为封闭题、半封闭题和开放题编码设计。

根据编码设计的内容与方法不同，可分为前设计编码和后设计编码两种。下面主要介绍前设计编码和后设计编码。

1. 前设计编码

前设计编码要求事先已知问题的答案类别，主要应用于结构式问卷中的封闭题和数字型开放题，在问卷设计的同时设计编码表。这种编码设计简单易行，但有可能由于问卷选项的设计缺少某项重要选项，或设置多余选项，而影响数据质量。

编码的设计与问卷设计密切相关，前设计编码可以归入问卷设计之中。

（1）封闭题的编码设计。

①对单选题只需规定一个变量，取值为选项号。

例如：Q18 请问您最近一年内买过蓝牙耳机吗？（　）

1.买过　　2.没买过

设计编码时：变量名为Q18，属于数字型变量，变量所占字节数为 1，变量取值范围为 1、2 或 0，其中 1 表示买过，2 表示没买过，0 表示该题无回答。

②对多选题需规定多个变量。通常将各个可能回答的答案选项都设为一个 0~1 指示变量，如果被调查者选择了该答案，此变量的值为 1，否则为 0。

例如：Q2 下面哪种媒体的广告对您的消费影响较大？（　　）

A.电视（0，1）　B.报纸（0，1）C.街头广告（0，1）　D.购物场所的广告（0，1）

该方法的优点是：便于分析，编码的结果不用经过转换，可直接分析；缺点是：不便于录入，变量随选项增多而增多，对于大样本，录入工作负担较重，而且录入时，录入值与问卷答案不同，很容易出错。

（2）排序题的编码设计。对排序题同样需规定多个变量，与多选题类似，其编码设计有两种方法，这两种方法对应的问题形式略有差异。

①变量个数即选项个数，按照选项排列顺序，分别定义各变量为对应选项所排次序号，取值即为次序号。

例如：Q12 请您根据信任程度由大到小对下列广告排序（信任程度最高的广告前填 1，其次信任的广告前填 2，依次类推，最不信任的广告前填 5）。

（　　）A.电视广告

（　　）B.报纸广告

（　　）C.广播广告

（　　）D.杂志广告

（　　）E.路牌广告

按照这种题型对所有选项排序，采用此法比较可行，问卷设计时对应各选项统一留出位置填写次序号。但是如果仅取前几名排序，采用此法与多选题一样，优点是可以直接进行分析，但录入工作量大。

②变量个数为要求排序的项数，依照次序号排列顺序，分别定义各变量为各次序号对应的选项项数，取值即为选项号。

例如：Q12 请问下列广告中，您最信任哪个广告？（　　）其次呢？（　　）再次呢？（　　）

A.电视广告　B.报纸广告　C.广播广告　D.杂志广告　E.路牌广告

如果问题只要求取前几名排序，与多选题一样。采用此方法便于录入，减少工作量和出错率，但分析时要先进行数据转换。

2.后设计编码

所谓后设计编码，主要针对答案类别事先无法确定的问题。例如封闭式问答题的“其他”项和开放式问答题，要在数据收集完成后，根据被调查者的问答设计编码表。这种编码表的分类可能相对更准确、有效，但比较复杂，而且费时、费力。

例如，您为什么不考虑购买该产品：

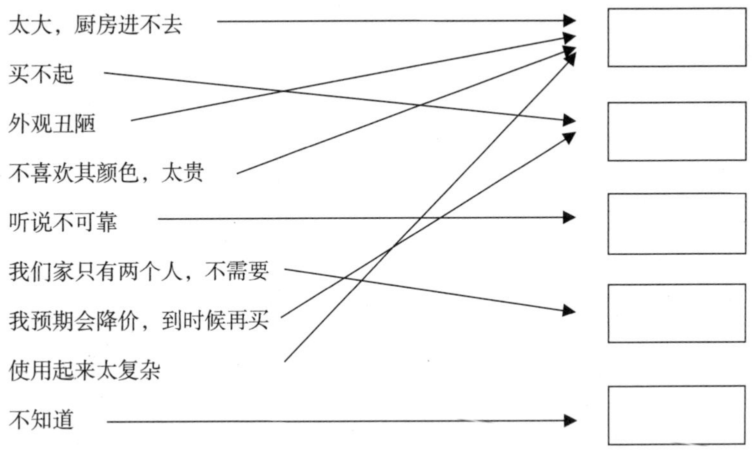

（1）后设计编码的技术要点。

①提供编码员一份空白的“参照问卷”。

②提供每一个需要事后编码的项目一份编码表或编码名单。

③对每一个项目做一份编码本，内含一页或几张单页。

④让所有的编码员都在同一地点，使用同一编码本进行工作。

⑤提供编码指南，说明什么时候以及怎样设立一个新的代码或合并答案。

⑥设立较多、较窄的类别要优于设立较少、较宽的类别。

⑦保持编码册的整洁和清晰。

（2）后设计编码的方法。后设计编码的方法是将问题转化为一个或几个变量，将所有可能的答案类别赋予相应代码，根据问题的回答确定各答案类别。选取问卷有两种方式：一是阅读所有问卷对该问题的回答，这种方法适用于样本量较小的情况；二是抽取部分问卷，抽取方式可以随机选取，也可以分层系统选取，还可以主观选取，尽量使其分布分散一些，此方法适用于样本量较大的情况。

选定问卷后，仔细阅读每个被调查者对该特定问题的回答，每遇到一个新的答案类别就记录下来，同时记录各答案类别出现的频数，以此类推。这里要注意的是，答案除表面含义以外，可能还有引申、隐含的含义，应注意区分。最后结合调查分析目的对分类的要求，对各答案类别进行整理归纳，突出分析重点，尽量包含所有信息且互不交叉，将不能编码或个数较少、可不予考虑的答案归入“其他”项。此外，注意留出位置准备修改，如果后期发现较多或较重要、有新意的类别，可以增加或细化类别。

例如：您为什么购买××品牌的手机？这是一个开放性问题，我们事先不会知道出现多少种答案，因此，无法进行事前编码，只能采用事后编码。方法是：浏览所有的回收问卷，发现一类新的答案，给予一个代码。比如，第一份问卷的答案是因为以前使用过、质量好；第二份问卷的答案是因为熟人的推荐；第三份问卷的答案是因为价格便宜；第四份问卷的答案是因为商品的质量比较好；第五份问卷的答案是因为看了电视广告；等等。我们可以为依次出现的答案进行归类编码：

A. 质量好........................ 1

B. 熟人推荐...................... 2

C. 价格便宜...................... 3

D. 广告推广...................... 4

……

（四）编码设计的注意事项

编码设计得好坏直接影响调查数据的质量，在设计过程中应注意以下五个方面，以保证编码的设计质量。

1.明确封闭式单选问题的编码

封闭式单选问题的编码通常在设计调查问卷时就已经将答案的代码确定好了。

例如，以下样本针对来自城镇的大三女生：

A 1　您的性别：①男　②女

A 2　您现在就读：①大一　②大二　③大三　④大四

A 3　您的户口是：①城镇　②农村

则她在这三个问题上的答案，用编码表示就是231。

2.明确封闭式多选问题的编码

通常，多项选择题编码时，把多项选择题的每一个选项看作一个变量来定义。例如，0代表没有被选中，1代表被选中。这样，多项选择题中有几个选项，就会变成几个单选变量，这些单选变量的选项都有两个，就是选中和未选，即0或1。如上述问题有5个多选项，则可将5个选项分别设置为5个变量：A1、A2、A3、A4、A5，这样该问题分解为5个变量，每个变量设置变量值0和1。

例如，在大学生的消费现状调查中，有这样一个问题：你上大学的来源是什么？变量设置见表6-3所列。

表6-3　你上大学的来源

变量名	变量标签	编码方案	
A1	助学贷款	1	0
A2	勤工俭学	1	0
A3	父母给予	1	0
A4	自己兼职	1	0
A5	社会赞助	1	0

注：1=选中；0=未选中。

假如被调查的某大学生选择的是“勤工俭学”和“父母给予”，那么他对此问题的回答，相应的编码是 01100。

3.明确矩阵式问题和表格式问题的编码

由于问卷设计通常未对矩阵式问题和表格式问题的答案预编码，所以在资料回收后首先需要对回答进行后编码。对于某些具有定序层次答案的问题，后编码时还要特别注意它的方向性。我们可对这样一个表格式问题的五种答案分别赋值为：1=很严重，2=比较严重，3=不太严重，4=不严重，5=不知道。这样，每一份问卷中被调查者所选择的问答结果，都可以用上述五个阿拉伯数字表示出来。

例如：

矩阵式问题

你觉得下列现象在你的学校是否严重？（请在每一行适当的方格中打√）

	很严重	比较严重	不太严重	不严重	不知道
迟到	□	□	□	□	□
早退	□	□	□	□	□
旷课	□	□	□	□	□

假如某位调查对象选择的答案是迟到很严重，早退不严重，旷课不太严重，则编码为143。

基于上述问题，如果设计成表格式问题的形式，则：

表格式问题

你觉得下列现象在你的学校是否严重？（请在每一行适当的方格中打√）

	很严重	比较严重	不太严重	不严重	不知道
迟到	□	□	□	□	□
早退	□	□	□	□	□
旷课	□	□	□	□	□

假如某位调查对象的选择答案是迟到很严重，早退不严重，旷课不太严重，则编码为143。

需要注意的是，这些编码值虽然都是我们在算术中所使用的阿拉伯数字，但它们此时只能作为各种不同答案类别的一个代号，不能作为数字来进行各种运算。

4.明确排序题的编码

排序题的编码主要是对选项重要性进行排序，可以通过编码将这种顺序性的选择转化为阿拉伯数字。例如：

您购买商品时，在品牌、流行、质量、实用、价格这些参数中，对它们的关注程度先后顺序是（请填代号重新排列）：

第一位　　第二位　　第三位　　第四位　　第五位

编码：定义五个变量，分别可以代表第一位到第五位，每个变量的Value都做定义，“1”

为品牌,"2" 为流行,"3" 为质量,"4" 为实用,"5" 为价格。

录入:录入的数字"1、2、3、4、5"分别代表5个选项。例如,被调查对象把质量排在第一位,则在代表第一位的变量下输入"3"。

5. 明确开放题的编码

问卷中的开放式问题的编码工作比较复杂。因为开放式问题所得到的信息不像封闭式问题那样可以简单地数字化,而是需要调查者查阅每份问卷中同一道开放式问题的答案,接着对这些答案根据某些共同的特征先简单地合并成若干类,然后再对这些类别进行编码。一般情况下,同一类别分配一个数字编码。为了避免由于分类过粗而使一些受访者的信息被忽略,就需要在分类的时候尽量将类别分得细一些。开放式问题进行编码的过程为:列出答案——合并答案——设置编码——输入编码。

开放式问题的编码,会由于调查者的判断而存在一定的主观性,所以问卷调查中不宜过多设计开放式问题,一般以1~2个为宜,且最好放在问卷的最后。

二、资料录入

调查资料数据录入时将经过编码的数据资料输入计算机的存储设备(软盘、硬盘或闪存)中,以便由计算机进行分类和汇总,这一环节要求做到准确无误。

案例6-3

常用分析软件

(一)SPSS

SPSS是世界上应用最广泛的统计分析软件。SPSS原意为Statistical Package for the Social Sciences,即"社会科学统计软件包"。之后,SPSS公司将软件的英文全称改为Statistical Product and Service Solutions,即"统计产品与服务解决方案"。这意味着SPSS产品定位和战略方向的转变。

(二)SAS

SAS是由美国SAS软件研究所研制的一套大型集成应用软件系统。SAS的主要功能有数据存取、数据管理、数据分析和数据展现,其中最强大的是统计分析功能。

市场调查发达的国家在数据采集中使用计算机辅助电话调查(Computer-Assisted Telephone Interviewing, CATI)、计算机辅助面访(Computer Assisted Personal Interviewing, CAPI)的方式很普遍,因此键盘录入的过程在访问的时候就已经完成了。而且对于简单的问卷调查,使用调查卡进行光学扫描录入也能节约不少时间成本,类似高考时标准试题涂卡后再用光电阅卷系统。但是我国目前主要还是直面问卷调查的形式居多,所以在问卷完成后,还需要对问卷进行录入的操作。目前通用的方式还是使用计算机键盘直接输入编码。

在大量资料的输入过程中，由于输入速度非常快，即使是非常熟练的录入员，也会出现录入错误的情况。如果错误率较低，改正错误容易，但查出错误比较麻烦；如果错误率较高，查出错误比较容易，但改正错误比较麻烦。所以，必须对录入质量进行检查。常用的方法有以下两种。

（一）数据库软件自动检查的方法

数据库软件不仅可以存储数据，而且在录入过程中，通过事先的数据库结构的编辑，可以对录入员录入的过程进行逻辑检查，避免数据录入过程中出现某种类型的错误。例如，录入无效的编码或者是太广的编码。同时，数据库软件对于跳答问题的录入也能进行很好的控制。

数据库软件对录入检查的范围，限制在最常见的逻辑错误上，对于在选项范围内，因为录入员的疏忽而出错的信息，往往是不能察觉的。

（二）采用重复输入数据，由计算机自动比较数据有无差错的方法

重复输入数据检查的方式主要有双机录入或三机录入。所谓双机录入的方式，是将同一份问卷分别由两个录入员进行两次录入，将两次的结果进行逐个比较，相同的部分被认为是没有错误的，如果出现不同的部分，则立即检查问卷，及时修正。所谓三机录入，即将同一份问卷由不同的录入员录入三次，将三次的结果通过计算机进行比较，采用“2 排 1”的选择，如果其中的两个结果是相同的，排除那个不同的答案。三机录入的方式可以减少翻阅问卷的人工参与。

案例 6－4

常用的数据录入方式

随着计算机技术的高速发展，以及计算机应用的迅速普及，数据的录入工作已逐渐从手工处理转变为计算机操作。目前，常用的数据录入方式有键盘录入、OMR、OCR 及语音识别。其中后三种属于自动识别技术，适合比较大型的市场调查，以及处理大量的数据输入工作。下面详细介绍 OMR 和 OCR 两种数据录入方法。

（一）OMR

OMR 是目前经常使用的问卷调查数据的处理方法。在这种方法中，研究人员通过用一种间接的方式识别问卷中有关被调查者手填的问题答案，即根据数据在表中某一位置是否填涂有黑色标记而确定是不是某一数据。这种方式从识别的角度出发，不需要自行识别，只需要确定有无涂点，是一种简单的光标识别方法。但这种方法对纸张、印刷和填表人的要求比较高。

（二）OCR

随着市场信息变化的不断加快、信息数据的急剧膨胀和计算机技术的高速发展，

OMR已经不能满足一些超大型的市场调查分析的需要，OCR也就成为世界各国致力发展应用的一种数据录入的方法。

OCR的数据表示方式和传统数据的表示方式类似，通常和手工表区别不大。一张用OCR表示的表，完全可以用手写方式来完成。OCR识别时，先要将表中的数据图形一一分离出来，接着对每一数据图形进行详细分析，描述其特征，然后判定该数据的类别。

三、数据汇总

问卷录入以后得到的调查资料都是杂乱无章的，这些资料使调查者无法观察到现象的本质，因此必须对这些原始资料进行排序、统计分组和汇总。

（一）排序

排序是按照某个或某些指标的一定顺序对数据进行重新排列。一般来说，录入数据清单的数据是无序的，不能反映现象的本质与规律性，为了使用的方便，通常要将其进行排序以便使数据按要求排列。

（二）统计分组

统计分组是根据统计分析的需要，将统计总体按照一定的标志区分为若干组成部分的一种统计方法。其目的就是把同质总体中的具有不同性质的单位分开，把性质相同的单位合在一起，保持各组内统计资料的一致性和组与组之间资料的差异性，从而使大量无序的、混沌的数据变为有序的、层次分明的显示总体数量特征的资料，以便进一步运用各种统计方法，研究现象的数量表现和数量关系，从而正确地认识事物的本质及其规律性。

按一个标志进行分组称为简单分组，如按年龄分组、按性别分组、按购买方式分组等都属于简单分组。在市场调查中最常用的就是简单分组。按两个或两个以上的标志进行分组，并且层叠在一起的称为复合分组。

例如，关于方便面需求状况问卷调查中的一个题目为：

您是否喜欢食用方便面？

A.喜欢　　B.不喜欢

若想了解调查总体中，有多少人喜欢食用方便面，比例多少；有多少人不喜欢食用方便面，比例多少，从而了解和掌握总体市场情况。这时我们可以按“食用态度”标志进行简单分组，设计表式来整理资料，见表6-4所列。

表6-4　调查对象食用方便面态度分组

食用态度	人　数	比　例(%)
喜欢		
不喜欢		

若想了解更详细的资料，掌握不同年龄、不同性别的被调查者有多少人喜欢食用方便面，比例多少；有多少人不喜欢食用方便面，比例多少，可以按“收入”“性别”两个标志进行复合分组，设计表式来整理资料，见表 6-5 所列。

表 6-5　调查对象食用方便面态度分段

项　目		喜　欢		不喜欢	
收入	性别	比例（%）	人数	比例（%）	人数
1 500 元以下	男				
	女				
1 500~3 000 元	男				
	女				
3 000 元以上	男				
	女				
合计					

（三）汇总

汇总是统计分组之后的一个重要步骤。它的主要任务就是将市场调查的各种原始资料按分组标志进行统计汇总。汇总是一项繁重的工作，也是资料整理的中心工作。汇总的速度和准确性直接影响到调查结果，因此，汇总人员要掌握一定的汇总技术。

汇总技术主要有手工汇总和计算机汇总。手工汇总主要适合调查的样本数量较少，汇总工作量较小时使用。主要方法有以下几种。

（1）画记法，即在预先设计的汇总表上画点或画线为记号的汇总方法，比较适合对频数的统计，但应注意画记的准确性。

（2）过录法，即先将调查资料过录到预先设计的汇总表上，然后计算加总，得出各组数值的合计数，填入统计表。这种方法既可汇总频数，又可汇总标志值，便于计算和校对，但过录项目过多、总体单位较多时，容易出现错误。

（3）折叠法，是把调查表所要汇总的同一项目的数值折叠，在一条线上进行汇总，并填入汇总表。这种方法比较适合对标志值进行汇总。

（4）卡片法，是利用特制的摘录卡片作为分组计数的工具进行汇总。这种方法比较适合调查资料多、分组细的情况。

科学技术的发展、计算机的普及和应用，给资料的汇总带来了极大的方便。尤其是近几年计算机应用软件的开发与运用，利用 Excel 可以对数据的某个指标进行计数、求和、求平均等汇总，无论是速度还是准确程度都有了显著的提高，促进了市场调查的更快发展。

四、数据显示

汇总录入的数字资料，一般都要通过表格或图形表现出来，为此就要制作统计表和统计图，把经过汇总的资料按照一定的规则表现出来。它是对调查资料的一种综合反映。统计图表在数据整理中占有很重要的地位，用图表表示数据资料更简单、易懂、直观、形象。一张好的统计图表往往胜过冗长的文字表述。

（一）统计表

统计表是表述数据资料的主要形式，是把资料数据按一定规则排列在表格上，其类型包括调查表、整理表和计算表等，是提供调查数据资料的重要工具。

市场调查资料列示

1.统计表的构成

从统计表的构成形式来看，一般包括以下几个部分。

（1）表号：写在表的左上方，一般以本表出现的先后顺序排出序号。

（2）总标题：表的名称，用来概括说明统计表中全部资料的内容，写在表的上端中央。

（3）横行标题：也称为横标目，用来表示各组的名称，一般写在表的左方。

（4）纵栏标题：也称为纵标目，用来表示总体特征的指示或变量的名称，写在表的上方。

（5）数字资料：在各横行标题与各纵栏标题的交叉处的数值。

从内容方面来看，统计表包括主词和宾词两部分。

（1）主词：是统计表要说明的调查总体、总体的各个组或各个单位的名称。

（2）宾词：是说明主词的各种指标，包括指示名称和指标数值。

2.统计表的种类

（1）简单分组表。简单分组表是指主词按一个标志进行分组，即对调查总体按一个标志进行分组形成的统计表。

例如，为研究广告市场的状况，一家广告公司在某城市随机抽取 300 人对广告问题做了邮寄问卷调查，其中一个问题是：您比较关心下列哪一类广告？

A.新媒体广告　B.报纸杂志广告　C.售点广告　D.网络广告　E.车身广告　F.传单广告　G.其他

这个问题的变量就是“广告类型”，不同类型的广告就是变量值。调查数据经分析整理后形成频数分布表，见表 6-6 所列。

表 6-6　某城市居民关注广告类型的频数分布表

广告类型	绝对数（人）	比　例	频　数（%）
新媒体广告	106	0.354	35.4
报纸杂志广告	15	0.05	5

续表

广告类型	绝对数（人）	比　例	频　数（%）
售点广告	75	0.25	25
网络广告	28	0.093	9.3
车身广告	41	0.137	13.7
传单广告	30	0.1	10
其　他	5	0.017	1.7
合　计	300	100	100

从表 6-6 可以清楚看出城市居民对各种广告类型的关心程度。

（2）交叉表。交叉表也叫交叉列表分析，是用于提供基本调查结果的最常用的形式。利用交叉表可以同时将两个或两个以上具有确定值的变量，按照一定顺序对应排列在一张表中。例如，表 6-7 的资料显示出婚姻状况、性别与购买服装状况之间的关系。

表 6-7　婚姻状况、性别与服装购买状况之间的关系

服装购买状况	性　别			
	男		女	
	已婚	未婚	已婚	未婚
高档服装	35%	40%	25%	60%
中低档服装	65%	60%	75%	40%
列合计	100%	100%	100%	100%
被调查者数	400	120	300	180

（二）统计图

统计图是利用几何图形或具体形象表现统计资料的一种形式，在统计资料整理与分析中占有重要地位，并得到广泛应用。在解答资料分析测验中有关统计图的试题时，既要考察图的直观形象，又要注意核对数据，不要被表面形象所迷惑。下面主要介绍曲线图、条形图和圆形图。

1. 曲线图

曲线图是在平面坐标上用折线表现数量变化特征和规律的统计图。在描述两个变量或等距变量之间的关系时，常使用曲线图。曲线图包括简单曲线图和复合曲线图，前者适用于描述一段时间内单个变量的发展趋势，后者适用于描述两个或两个以上变量的发展趋势。

2. 条形图

条形图是用宽度相同的条形的高度或长短来表示数据变动的图形。条形图可以横置和

纵置，纵置时也称为柱形图；其长度可以是绝对数，也可以是相对数；图中项目的排列可以按照问题中的顺序排列，也可按照大小的顺序排列。条形图包括简单条形图和复合条形图，前者适用于说明一段时间内的一个变量，后者适用于说明两个或两个以上变量的对比关系。

3.圆形图

圆形图也称为饼形图，是以圆的整体面积代表被研究现象的总体，按各构成部分占总体比重的大小，整个圆形面积为100%，每一部分的面积就表示某个变量对应取值的百分数。

注意：圆形图不能分成太多部分，一般不超过7份。

案例6－5

××大学大学生月生活费情况统计

××大学大学生月生活费情况见表6－8所列。

表6－8 ××大学大学生月生活费情况表

月生活费	频数	频率（100%）
400元以下	21	10.5%
400~699元	77	38.5%
700~999元	54	27%
1 000~1 499元	36	18%
1 500元以上	12	6%
总计	200	100%

（1）表6－8可由曲线图表示，如图6－2所示。

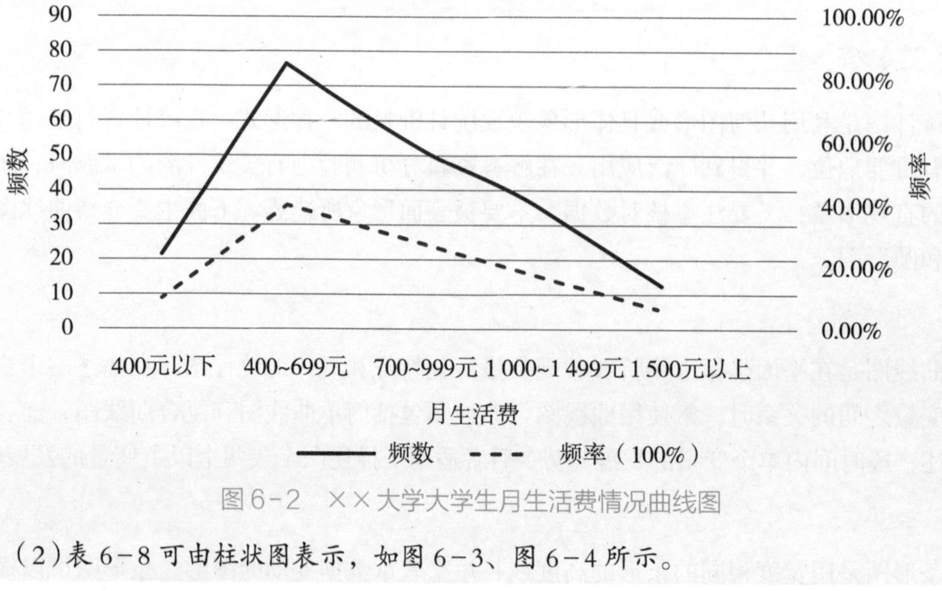

图6－2 ××大学大学生月生活费情况曲线图

（2）表6－8可由柱状图表示，如图6－3、图6－4所示。

①频数分布柱形图如图 6-3 所示。

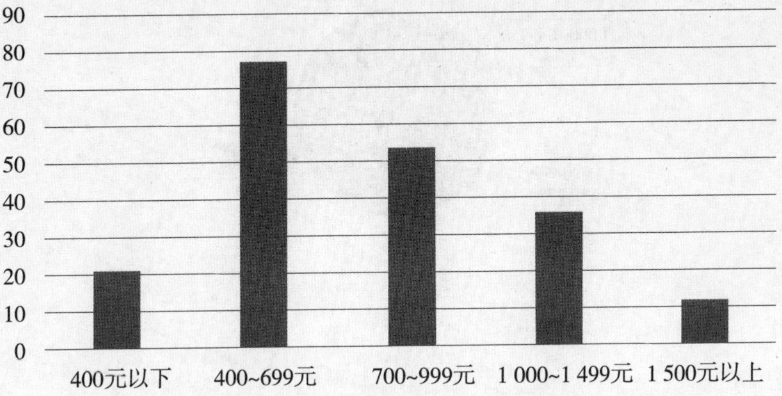

图 6-3　××大学大学生月生活费情况频数分布柱形图

②频率分布柱形图如图 6-4 所示。

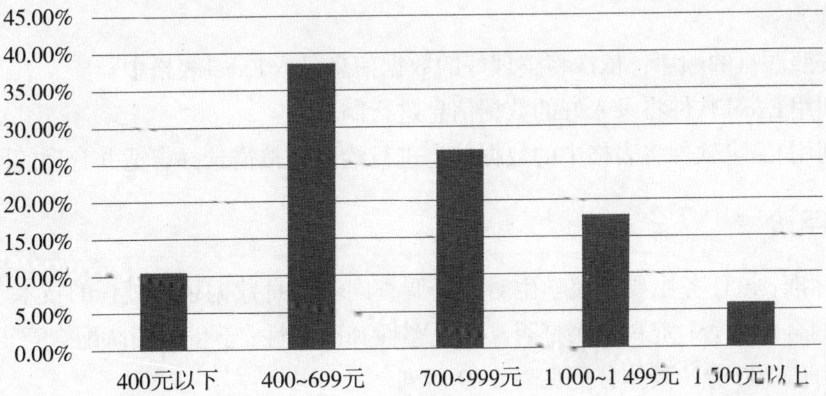

图 6-4　××大学大学生月生活费情况频率分布柱形图

(3)表 6-8 可由圆形图表示，如图 6-5、图 6-6 所示。

①频数分布饼状图，如图 6-5 所示。

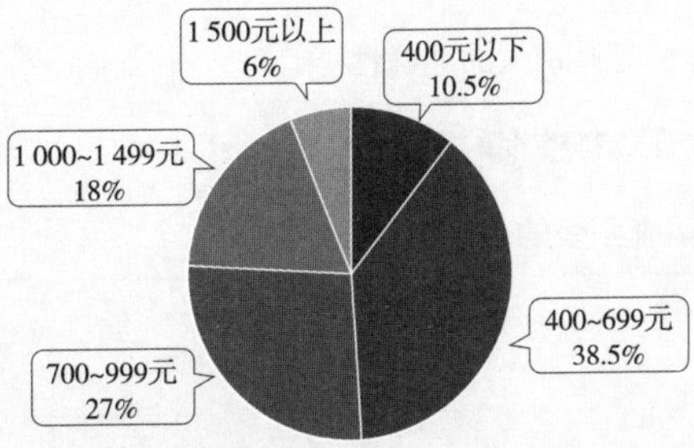

图 6-5　××大学大学生月生活费情况频数分布饼状图

②频率分布饼状图，如图 6-6 所示。

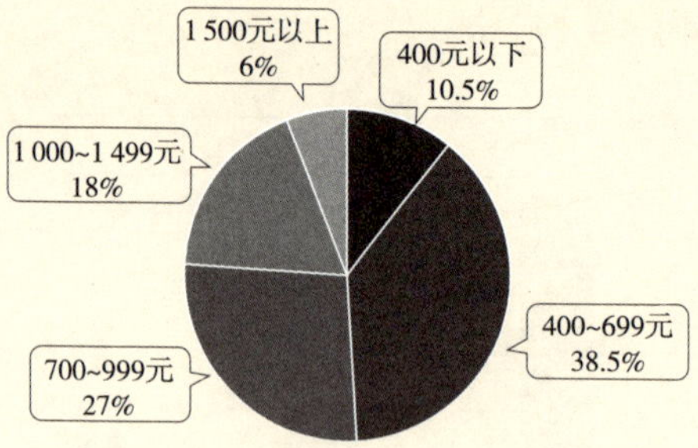

图6-6　××大学大学生月生活费情况频率分布饼状图

任务实施

小张所在的项目组成员根据发放的大学生消费问题调查问卷（任务导入）进行问卷的收集和处理，利用Excel工具进行数据的录入、汇总、列表及形成直观图形。

实施要点：

（1）按照题目的顺序，依次将整理好的数据信息录入Excel表格中。

（2）利用Excel软件将录入好的数据信息进行制表。

（3）利用Excel软件将表格中的数据信息进行绘图，按需选择合适并合理的图形。

任务评价

评价标准：该任务主要考核学生对市场调查问卷信息数据录入过程的技术掌握；数据编码设计的合理与否；资料录入是否具有完整性和准确性；学生的团队配合意识和沟通能力等。总分值100分，具体分配见表6-9所列。

表6-9　市场调查文件录入任务评价表

序　号	评价项目	评价分值	得　分
1	调查编码设计的合理性	20分	
2	调查资料录入的准确性	30分	
3	调查资料整理的完整性	20分	
4	调查图表的合理运用	30分	

任务检测

1.简述编码的设计原则。

2.简述编码设计的分类标准及其内容。

3.如何对问卷录入的调查资料进行数据汇总？

码上刷题

任务三 市场调查资料的分析

任务描述

市场调查资料分析是指对市场调查和整理的资料进行对比研究，以得出调研结论的过程。其目的在于从数据导向结论、从结论导向对策。本节主要阐述市场调查资料分析的基本知识和基本方法。

案例 6－6

2020 年度中国“共享经济”发展报告

2020 年，以共享经济为代表的新业态新模式表现出巨大的韧性和发展潜力。全年共享经济市场交易约为 33 773 亿元，同比增长约 2.9%。不同领域发展不平衡情况更加突出。知识技能、医疗共享等领域的市场规模大幅增长，同比分别增长 30.9%和 27.8%；共享住宿、共享办公、交通出行等领域市场规模同比显著下降，降幅分别为 29.8%、26%和 15.7%；生活服务领域同比下降 6.5%。测算表明，共享经济参与者约为 8.3 亿人，其中服务提供者约为 8 400 万人，同比增长约 7.7%；平台企业员工数约为 631 万人，同比增长约 1.3%。

共享型服务和消费新业态新模式成为提升经济韧性和活力的重要力量。从共享型服务的发展态势看，2020 年网约车客运量占出租车总客运量的比重约为 36.2%，同比小幅下降 0.3 个百分点；在线外卖收入占全国餐饮业收入比重约为 16.6%，同比提高 3.8 个百分点；共享住宿收入占全国住宿业客房收入的比重约为 6.7%，同比小幅下降 0.2 个百分点。从居民消费的角度来看，2020 年人均在线外卖支出在餐饮消费中的占比达 16.6%，同比提高 4.2 个百分点。人均网约车支出占出行消费比重为 11.3%，与去年基本持平。人均共享住宿支出在住宿消费中占比 4.9%，同比下降 2.5 个百分点。

我国共享经济发展中还存在一些亟待解决的问题：大型平台对市场支配地位不当利用、数据独占、垄断性扩张等不正当竞争行为带来了诸多不利影响；大型平台企业“跨界”提供金融服务日益普遍，带来了有效监管困难、用户权益可能受到侵害以及金融风险处理不当而引发社会风险等潜在风险和问题；流量造假、流量劫持等基于流量的恶意竞争问题日益突出。此外，如何对共享平台上集聚的海量个人信息进行有效保护、如何加强对未成年人使用网络的保护等，都成为各界高度关注的问题。

从发展趋势上看，在 2020 年共享经济增速出现显著回落的情况下，考虑到宏观经济可能出现的强劲复苏，预计未来五年，我国共享经济年均增速将保持在 10%以上。未来，共享型消费新业态新模式将在构建双循环新发展格局发挥重要作用；从政策导向上看，发展共享型消费为代表的新业态新模式将成为重要的工作抓手。

经过对调查资料整理后，我们对数据的分布类型和特点就有了比较全面的了解。为了深入分析和掌握数据的特征和规律，还要对数据做进一步的分析。对数据资料的分析应注意计算各类统计指标数值，运用有关图表，再现结论和观点以及资料体系与结构，这是一项专业性、技术性很强的工作，需要运用科学的方法。

理论准备

一、市场调查资料分析的内涵

市场调查资料的分析

分析是把事物、现象、概念分成较为简单的组成部分，找出这些部分的本质属性和彼此之间的关系。市场调查的资料分析就是以某种有意义的形式或次序把收集的资料重新展现出来。分析实际上是告诉人们，每组资料里到底隐藏了哪些有用的信息，并以恰当的形式表现出来。

市场调查资料分析是一项综合性较强、内涵丰富的工作，主要包含以下内容。

（1）对本次调查的核心目的进行分析，确定此次调查分析的方向和最终目的，以及资料分析的重点等情况。

（2）确定市场调查资料收集的具体方法是否适合调查的总体目标，是否具有针对性。

（3）对收集资料的可靠性和代表性进行分析。

（4）选用适当的分析方法，对市场调查资料的数据进行分析，总结资料所反映的问题。

（5）得出综合的分析结论。

二、市场调查资料分析的原则

在进行市场调查资料分析过程中，需要遵循以下基本原则，如图 6-7 所示。

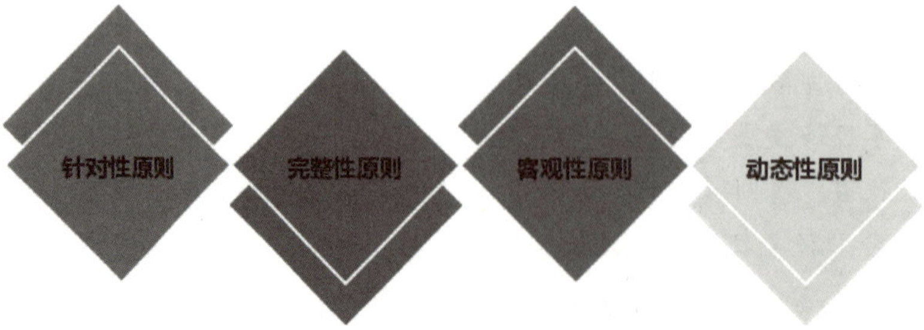

图 6-7　市场调查资料分析的原则

（一）针对性原则

针对性是指要采用与调查目的、调查资料性质、现有资源相适应的分析方法，对调查资料进行分析。某一种情况可能就需要某一种或几种特定的统计分析方法，所以分析人员就需要对各种分析方法的特点和作用有准确的把握，将多种与调查目的相匹配的方法组合应用，形成最准确、恰当的方法系统，取长补短、相互配合，从而得出全面和准确的结论。

（二）完整性原则

完整性是指对调查资料进行多角度的、全面的分析，以反映和把握调查资料的总体特征。它不是对资料进行局部的分析，而是全面考察各种相关因素的现状和趋势，分析现象之间的关系。

（三）客观性原则

客观性是指必须以客观事实和调查的资料为依据进行分析，不能受到外来因素或内部主观倾向的影响，否则，就会使前面各阶段的努力化为乌有，更重要的是会误导企业决策者做出背离实际的决策，从而使企业陷入困境。

（四）动态性原则

动态性是指对调查资料的分析，不但要分析把握其现状，更要分析把握其变化趋势。要注意分析各相关因素的变化特点，用发展的观点、动态的方法来把握问题，从而正确地引导企业的发展。在具体的操作中，要主动掌握并合理运用科学的预测方法，得出符合市场变动趋势的分析结论。

三、市场调查资料分析的内容

（一）背景分析

背景分析，即对特定的市场调研问题的历史背景和现实背景进行分析和思考，从而更好地把握分析研究的目的和方向。

（二）状态分析

状态分析，即对特定的市场调研现象的各方面的数量表现进行描述和评价、概括市场调研现象的各种特征。

（三）因果分析

因果分析，即对影响市场调研现象发展变化的各种因素进行分析，探索市场变量之间的因果关系，找出影响事物变化的关键因素，挖掘现象内部隐藏的本质和规律性，从中归纳出一些有重要价值的调研结论和启示。

（四）对策研究

对策研究是在背景分析、状态分析、因果分析的基础上，针对得出的调查结论和启示、揭示的问题与原因，进行对策思考，提出解决问题的措施、方法和途径，以供决策者参考。

案例 6-7

辛普森悖论

辛普森悖论，即在分组比较中都占优势的一方，会在总评中反而是失势的一方。该现象于20世纪初就有人讨论，但一直到1951年英国统计学家E.H.辛普森在他发表的论文中才正式被描述解释。后来人们就以他的名字命名该悖论。下面是一个有关辛普森悖论的例子。

秘书："校长，不好了，有很多男生在校门口抗议，他们说今年研究所女生录取率（42%）是男生（21%）的两倍，我们学校遴选学生有性别歧视。"校长满脸疑惑地问秘书："我不是特别交代，今年要尽量提升男生录取率以免落人口实吗？"

秘书赶紧回答说："确实有交代下去，我刚刚也查过（数据见表6-10所列），今年法学院录取率是男性75%，女性只有49%；而商学院录取率是男性10%，女性为5%。两个学院都是男生录取率比较高，校长这是我做的调查报告。"

表6-10 研究所学生申请与录取情况表

学 院	女 生			男 生			合 计		
	申请	录取	录取率	申请	录取	录取率	申请	录取	录取率
商学院	100	49	49%	20	15	75%	120	64	53.3%
法学院	20	1	5%	100	10	10%	120	11	9.2%
总 计	120	50	42%	120	25	21%	240	75	31.25%

校长："秘书，你知道为什么个别录取率男生皆大于女生，但是总体录取率男生却远小于女生吗？此例就是统计上著名的辛普森悖论。例子说明，简单地将分组资料相加汇总，是不一定能反映真实情况的。

就本例的录取率与性别来说，导致辛普森悖论产生有两个前提。

一是两个分组的录取率相差很大。法学院录取率为9.2%很低，而商学院为53.3%却很高。除此之外，两种性别的申请者分布比重却相反，女生偏爱申请商学院，故商学院女生申请比率占83.3%；男生偏爱申请法学院，因此法学院女生申请比率只占0.833%。结果在数量上来说，录取率低的法学院，因为女生申请人数少，所以不录取的女生相对很少；而录取率很高的商学院虽然录取了很多男生，但是申请者却不多。因此最后汇总的时候，女生在数量上反而占优势。

二是性别并非影响录取率高低的唯一因素，甚至可能是毫无影响的。至于在法学院与商学院中出现的比率差可能属于随机事件，又或者是其他因素作用，譬如学生入学成绩刚好出现这种录取比例，使人牵强地误认为这是由性别差异而造成的。

为了避免辛普森悖论的出现，就需要斟酌各个分组的权重，并乘以一定的系数去消除由分组数据基数差异而造成的影响。同时必须了解清楚情况，是否存在潜在因素，综合考虑。"

四、市场调查资料分析的方法

按照分析研究时依据的资料性质和思维方式不同，可以将资料分析分为定性分析和定量分析两大类。

（一）定性分析

定性分析在企业市场调查实践中，常用来确定市场的发展态势与市场发展的性质，主要用于市场探究性分析。定性分析是指调查者运用知识、经验、主观分析判断能力及推理，对不能量化的事务进行分析、判断，从而达到对实物本质和规律性的认识。

常用的定性分析方法主要有：归纳分析法、类比分析法、推理分析法及对应分析法。

1. 归纳分析法

归纳分析法是对收集到的资料进行归纳，概括出一些理论观点。归纳分析法分为完全归纳法和不完全归纳法。

（1）完全归纳法。完全归纳法是根据某类市场中每一个对象都具有或不具有某种属性，从而概括出该类市场的全部对象都具有或不具有这种属性的归纳方法。

（2）不完全归纳法。不完全归纳法是从一个或几个（但不是全部）特殊情况作出一般性结论的归纳推理。不完全归纳法又叫作普通归纳法，分为简单枚举法和科学归纳法。

①简单枚举法。简单枚举法是根据某类市场中部分对象具有或不具有某种属性，从而概括出该类市场的全部对象都具有或不具有这种属性的归纳方法。这种方法是建立在直接经验基础上的一种归纳法，结论具有一定的可靠性，并且简便易行。

②科学归纳法。科学归纳法是根据某类市场中部分对象与某种属性之间的必然联系，推论出该类市场的所有对象都具有某种属性的归纳方法。与简单枚举法相比，科学归纳法更复杂、更科学，其认识作用也更大。

例如，某个汽车市场的调查表明，所调查的 200 个汽车用户中有 120 个用户声称将来更换汽车时，很可能或绝对会购买××汽车。根据这一发现，得出这样的结论：大部分汽车用户（60%）在更换汽车时会购买××汽车。

2. 类比分析法

类比分析法是将两个相同或相近的事物进行对比，从一个事物的发展变化规律来推断另一个事物的发展变化规律的方法。例如，根据挂式空调的销售特点及规律来推断柜式空调的销售特点及规律。运用类比分析法时，要注意如下问题。

（1）比较既可以在同类对象之间进行，也可以在异类对象之间进行（同类和异类的差别是相对的）。

（2）要分析可比性。把可比的事物与不可比的事物相混淆，就不能进行科学的比较，也就得不出正确的结论。

3. 推理分析法

推理分析法是根据一个或几个已知的判断，推出一个新的判断的一种分析方法。推理分析法是资料分析常用的一种方法，使用时要注意，推理的前提要正确，推理的过程要合理，而且要善于使用创造性思维。例如，丰田汽车公司在20世纪60年代曾对各国生产的汽车型号及能源消耗进行市场调查，发现各国生产的汽车普遍耗油较高，如果发生能源危机，耗油低的小型汽车一定会畅销，他们独具慧眼，开发了多种耗油低的小型汽车，结果没过多长时间，世界爆发了第一次石油危机，丰田汽车公司生产的耗油低的小型汽车顿时走俏，一举占领了市场。

4.对应分析法

对应分析法就是在分析研究某事物或现象时从不同角度确定多个标准，再对每个标准确定不同的属性值，然后将所收集的资料按主要分类标准的属性进行对应的归类，从而获得相关信息的分析方法。

案例 6-8

手机市场消费者调查

为了研究手机市场消费者的需求特征，某调研公司在某市对手机的潜在消费者做了一个抽样调查。在调查时采用了年龄、文化程度及购买手机时的主要要求三个标准，每一标准又细分不同的属性特征，即年龄特征为“18~25岁”“26~35岁”“36~45岁”“46~55岁”，文化程度特征为“初中及以下”“高中/中专”“大学及以上”，购买手机时的主要要求特征为“待机时间长”“大屏显示”“操作简单”“功能强”“外表时尚”“价格合理”“信号接收好”。经过对应分析，调研人员按主要分类标准的属性年龄特征进行归类分析后发现：年龄在“18~25岁”的青年人，要求手机必须“外观时尚”和“功能强”；年龄在“26~35岁”“大学及以上”学历的被调查者要求手机必须“待机时间长”和“信号接收好”；年龄在“36~45岁”“初中及以下”学历的潜在用户要求手机必须“操作简单”；年龄在“46~55岁”“高中/中专”学历的被调查者要求手机必须“大屏显示”。这些调研发现为企业开发和占领该地区市场奠定了基础。

（二）定量分析

定量分析是指从事物的数量特征方面入手，运用一定的数据处理技术进行数量分析，从而挖掘出数量中所包含的事物本身的特性、规律性及分析方法。目前常用的定量分析方法有描述性统计分析和解析性统计分析。

1.描述性统计分析

在数据分析的时候，一般首先要对数据进行描述性统计分析，以发现其内在的规律，再选择进一步分析的方法。描述性统计分析要对调查总体所有变量的有关数据做统计性描述，主要包括数据的频数分析、数据的集中趋势分析、数据的离散程度分析、数据的分布，以及一些基本的统计图形。

（1）数据的频数分析。数据的频数分析可以利用频数分析和交叉频数分析来检验异常值。此外，频数分析也可以发现一些统计规律。例如，收入低的被调查者用户满意度比收入高的被调查者高，或者女性的用户满意度比男性低等。不过这些规律只是表面的特征，在后面的分析中还要经过检验。

（2）数据的集中趋势分析。数据的集中趋势分析是用来反映数据的一般水平，常用的指标有平均值、中位数和众数等。各指标的具体意义如下。

①平均值：是衡量数据的中心位置的重要指标，反映了一些数据必然性的特点，包括算术平均值、加权算术平均值、调和平均值和几何平均值。

②中位数：是另外一种反映数据的中心位置的指标，其确定方法是将所有数据以由小到大的顺序排列，位于中央的数据值就是中位数。

③众数：是指在数据中发生频率最高的数据值。

如果各个数据之间的差异程度较小，用平均值就有较好的代表性；而如果数据之间的差异程度较大，特别是有个别的极端值的情况，用中位数或众数有较好的代表性。

（3）数据的离散程度分析。数据的离散程度分析主要是用来反映数据之间的差异程度，常用的指标有方差和标准差。方差是标准差的平方，根据不同的数据类型有不同的计算方法。

（4）数据的分布。在统计分析中，通常要假设样本的分布属于正态分布，因此需要用偏度和峰度两个指标来检查样本是否符合正态分布。偏度衡量的是样本分布的偏斜方向和程度；而峰度衡量的是样本分布曲线的尖峰程度。一般情况下，如果样本的偏度接近于0，而峰度接近于3，就可以判断总体的分布接近于正态分布。

2.解析性统计分析

解析性统计分析的主要方法有：假设检验、方差分析、相关分析。

案例 6－9

巴恩斯医院的收容计划与数据分析

华盛顿大学医疗中心的巴恩斯医院，建于1914年，是为圣路易斯及其邻近地区的居民提供医疗服务的主要医院，该医院被公认为美国最好的医院之一。巴恩斯医院有一个收容计划，用以帮助身患绝症的病人及其家人提高生活质量。负责收容工作的小组包括一名主治医师、一名助理医师、护士长、家庭护士和临床护士、家庭健康服务人员、社会工作者、牧师、营养师、经过培训的志愿者，以及提供必要的其他辅助服务的专业人员。通过收容工作组的共同努力，家人及其家庭会获得必要的指导和支持，以帮助他们克服由于疾病、隔离和死亡而带来的紧张情绪。

在收容工作组的协作和管理上，采用每月报告和季度总结来帮助小组成员回顾过去的服务。对于工作数据的统计概括则用作方针措施的规划和执行的基础。

例如，他们搜集了有关病人被工作组收容的时间的数据。一个含有67个病人记录的样本表明，病人被收容的时间在1~185天内变化。频数分布表的使用对于概括总结收容天数的数据也是很有用的。此外，下面的描述统计学数值量度也被用于提供有关收容时间数据的有价值的信息。

平均数：35.7天

中位数：17天

众数：1天

上述数据表明了平均数，即对病人的平均收容时间是35.7天，也就是1个月多一点。而中位数则表明半数病人的收容时间在17天以下，另外半数病人的收容时间在17天以上。众数是发生频数最多的数据值。众数为1天表明许多病人仅仅被收容了短短的1天。

有关该收容计划的其他统计汇总还包括住院费金额、病人在家时间与在医院时间的对比、痊愈出院的病人数目、病人在家死亡和在医院死亡的数目。这些汇总结果将根据病人的年龄和医疗普及程度的不同进行分析。总之，数据的分析为收容服务提供了有价值的信息。

任务实施

小张所在的项目组根据前期发放的大学生消费问题调查问卷已录入的数据资料，利用统计表和统计图，结合主题内容进行科学的分析，最终形成合理化的建议和相应的预测结果。

实施要点：

（1）对于表格及图形中的数据进行描述说明。

（2）对于数据信息在图形中所呈现的规律进行有效总结。

（3）结合调查主题和调查目的，对数据结果进行分析，并以此为依据做出相应的预测和形成合理化的建议。

任务评价

评价标准：该任务主要考核学生对市场调查数据分析相关知识的掌握；数据分析方法使用的合理与否；数据结果分析产生的合理化建议的有效性；学生的团队配合意识和沟通能力等。总分值100分，具体分配见表6-11所列。

表6-11　市场调查数据分析任务评价表

序　号	评价项目	评价分值	得　分
1	调查数据描述的准确性	20分	
2	调查分析的方法使用的合理性	40分	
3	合理化建议的设计和提供	40分	

任务检测

1. 简述调查资料分析的原则。

2. 如何正确认识定性分析和定量分析？

码上刷题

项目回顾

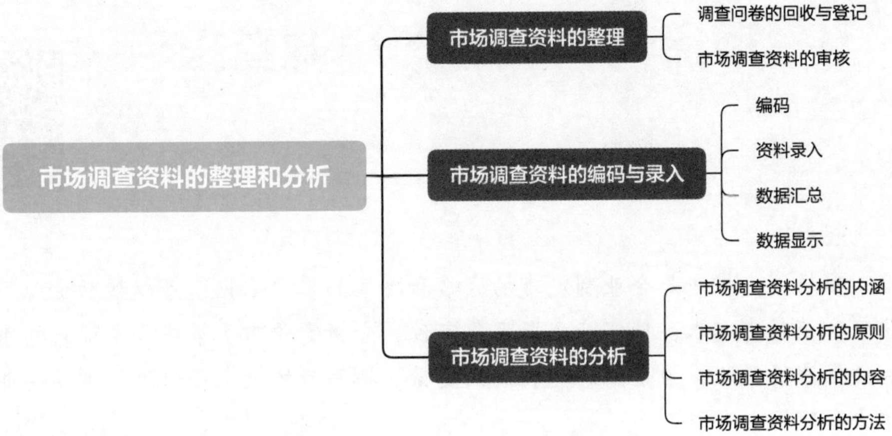

实战演练

实训目标	1. 通过本项目训练，帮助学生掌握资料整理的基本技能。 2. 通过调查资料的整理统计，学生能够了解调查信息资料如何整理、审核、分类编码、统计制表，使学生掌握资料整理统计的方法和技巧。
实训要求	以大学生就业形势为背景，以调查小组为单位，进行相关的市场调查资料的收集、整理、审核、统计等工作。 具体要求： 1. 学生分成项目小组，完成关于2023年大学生就业形势调查问卷的回收。 2. 对问卷资料进行审核、登记、编码和录入，列示调查资料。 3. 将问卷进行数据图表化描述。 4. 学会运用Excel软件对资料进行正确的图表化处理。
实训成果	1. 每个人都要提交其资料整理的结果和所列示的图标。 2. 在班级进行交流，每个小组推荐2个人进行介绍。 3. 由教师与学生共同评估并评定成绩。 4. 评价指标：按时、全面、独立地完成实训任务，能综合运用所学理论知识，表现出较强的综合分析问题和解决问题的能力；问卷审核正确、正确编码，问卷资料录入正确；能正确地对问卷资料进行图表化处理。

项目七　撰写市场调查报告

撰写市场调查报告资源库

项目概述

市场调查报告是企业制定市场战略和决策的重要依据，可以帮助企业了解市场状况和消费者需求，确定产品或服务定位，分析竞争对手策略，发现新的市场机会和评估市场风险，为企业的发展提供支持。撰写市场调查报告可以帮助企业提高竞争力和市场占有率。

学习目标

知识目标

1.掌握市场调查报告的撰写程序和技巧。

2.掌握正确撰写市场调查报告的方法。

3.理解市场调查报告的口头汇报的注意事项。

能力目标

1.能按照市场调查报告的撰写程序和要求，完成一份结构完整、内容正确的市场调查报告。

2.能在内容撰写时，合理运用叙述技巧、说明技巧和语言技巧，写出一份好的市场调查报告。

3.能制作和使用PPT进行市场调查报告的口头汇报。

思政目标

1.树立正确的社会主义核心价值观、良好的市场调查人员品格和专业的分析意识。

2.提高运用专业术语进行书面表达的能力和在公众面前进行演讲的口头表达能力。

3.树立精益求精的“工匠精神”，充分发挥“川商精神”和“儒商文化”的职业引领，完成职业蜕变。

思政小故事

对牛弹琴

战国时代，有一个叫公明仪的音乐家，他能作曲也能演奏，七弦琴弹得非常好，弹的曲子优美动听，很多人都喜欢听他弹琴，人们很敬重他。

公明仪不但在室内弹琴，遇上好天气，还经常带着琴到郊外弹奏。有一天，他来到郊外，春风徐徐吹着，垂柳轻轻动着，一头老黄牛正在草地上低头吃草。公明仪一时兴致来了，摆上琴，拨动琴弦，就给这头牛弹起了最高雅的乐曲《清角之操》。老黄牛在那里却无动于衷，仍然一个劲儿地低头吃草。

公明仪想，这支曲子可能太高雅了，该换个曲调，弹弹小曲。弹奏时老黄牛仍然毫无反应，继续悠闲地吃草。公明仪决定拿出自己的全部本领，弹奏了他最拿手的曲子。这回呢，老黄牛偶尔甩甩尾巴，赶着牛虻，仍然低头闷不吱声地吃草。

最后，老黄牛慢悠悠地走了——换个地方去吃草了。

公明仪见老黄牛始终无动于衷，很是失望。人们对他说："你不要生气了！不是你弹的曲子不好听，是你弹的曲子不对牛的耳朵啊！"最后，公明仪自讨没趣，只好叹口气，抱琴回去了。

这是成语"对牛弹琴"的由来。人们用"对牛弹琴"来比喻对愚蠢的人讲深刻的道理，或对外行人说内行话，白白浪费时间。现在也用来讥笑人说话不看对象。

由该故事可以看出，在编写市场调查与预测报告时，要注意以下事实：第一，大多数经理人员工作繁忙；第二，他们大多很少精通调查与预测的某些技术和术语；第三，如果存在多个阅读者和使用者，通常他们之间存在需要和兴趣方面的差异；第四，经理人员和常人一样，不喜欢冗长、乏味、呆板的文字。

（资料来源：编者根据相关资料整理）

项目导入

小张通过和同事前辈们沟通交流学习，自己也上网查询了相关资料案例后，了解到撰写市场调查报告时需要按照一定的结构与内容展开，它们都有一个统一的结构和内容。一般情况下，一份完整的市场调查报告包括封面、目录、摘要、正文、结论和建议、附件等。与此同时，在准备和递交市场调查报告之前或之后都要做口头汇报，口头汇报是一种直接的沟通方式，它能更突出强调市场调查的结论，使相关人员对市场调查的主题意义、论证过程等有一个清晰的认识。于是，小张给自己梳理并安排了以下阶段性的任务：

1. 如何根据项目的要求提升撰写市场调研报告的基本方法技巧？

2. 如何根据项目的要求培养自己团队合作、协调沟通和创新能力？

任务一　市场调查报告概述

任务描述

市场调查报告是整个调查活动的成果体现，也是管理者最关注的环节。实践证明，无论调查设计得多么科学，调查问卷多么周密，样本多么具有代表性，数据收集、质量控制多么严格，数据整理和分析多么恰当，调查过程和调查结果与调查要求多么一致，如果调查人员不能把诸多调查资料组织成一份清晰的、高质量的调查报告，就不能与决策者或是用户进行信息沟通，决策者或用户就不能有效地采取行动。

认识市场调查报告

理论准备

一、认识市场调查报告

市场调查报告就是根据市场调查、收集、记录、整理和分析市场对商品的需求状况以及与此有关的资料的文书。换句话说，就是用市场经济规律去分析，进行深入细致的调查研究，透过市场现状，揭示市场运行的规律、本质。

（一）市场调查报告的特点

在撰写市场调查报告时，要结合其自身特点进行设计，如图 7－1 所示。

图 7－1　市场调查报告的特点

1.针对性

针对性主要包括两个方面。

（1）调查报告必须明确调查目的，报告是为了解决某一问题，或是说明某一问题，因而撰写报告时必须做到目的明确、有的放矢，围绕主题开展论述。

（2）调查报告必须明确阅读对象。阅读对象不同，他们的要求和所关心问题的侧重点也不同。

2.新颖性

市场调查报告应紧紧抓住市场活动的新动向、新问题，引用一些人们未知的通过调查研究得到的新发现，提出新观点，形成新结论。

3.时效性

市场调查报告要顺应瞬息万变的市场形势，必须讲究时间效益，做到及时反馈。只有及时到达使用者手中，使决策跟上市场形势的发展变化，才能发挥调查报告的作用。

4.合理性

市场调查报告的数据来源应有合理可靠的依据、具体可行的计划和实施方案。

5.专业性

市场调查报告应用科学的方法，有目的、系统地搜集、记录、整理和分析市场情况，了解市场的现状及其发展趋势，为企业的决策者制定政策、进行市场预测、做出经营决策、制订计划提供客观、正确的依据。

（二）市场调查报告的作用

（1）市场调查报告为生产和销售方面的经营者提供决策依据。决策者需要的不是市场调查所采集的大量信息资料，而是这些市场信息资料所蕴含的市场特征、规律和趋势。市场调查报告就是在对信息资料分析的基础上形成决策者需要的结论和建议。

（2）市场调查报告能够完整表述调查结果。调查报告对已完成的市场调查能够详细、完整地表述出有关市场调查的目标和要求、调查报告的背景信息、调查方法及评价，以及以文字表格和形象化的方式展示调查结果、调查结论和建议等内容。

（3）市场调查报告是衡量和反映市场调查活动质量高低的重要标志。市场调查是对市场最新信息的采集和研究，也是信息流的组织活动。市场调查活动的质量体现在调查活动的策划、资料处理等过程中。

（4）市场调查报告能够发挥参考文献的作用。市场调查报告包含了一系列意义重大的市场信息，决策者在研究问题时，往往要以市场调查报告作为参考。

（5）市场调查报告可作为历史资料反复使用。当一项市场营销调研活动完成之后，市场调查报告就成为该项目的历史记录和证据。作为历史资料，它有可能被重复使用，从而实现其使用效果的扩大。

（6）市场调查报告能够有效地避免风险。市场调查报告可以有效地避免市场经济中的风险性、滞后性和过度竞争等市场缺陷，从而为企业的经营决策降低风险。

二、市场调查报告的原则

市场调查报告是市场调查活动的终端成果，其设计和撰写需要遵循以下原则。

（一）坚持实事求是

市场调查报告作为调查研究的成果，最基本的原则就是尊重客观实际，用事实说话，而且这些事实是真实的。真正做到实事求是是不容易的，原因在于：①数字需要准确无误；②人们认识能力有限，因而准确的判断不是轻而易举的；③少数人弄虚作假、虚报瞒报。

为准确地反映客观事物带来的困难，只有深入调查研究，力求弄清事实、摸清原因，才能真实地反映事物的本来面目。

（二）符合市场规律及各项政策规定

在社会主义市场经济条件下，市场供需活动有其特有的规律性，市场调查报告应该反映市场的规律。

由此可见，市场调查报告不仅是一份分析市场的工具，更是一份具有思想性和价值观的报告。市场调查人员通过分析市场调查的数据，发现市场机会，并将市场机会和自己的价值观结合起来，撰写了一份有力的市场调查报告，为企业带来了实质性的收益。这说明，在市场调查的过程中，要关注市场的发展趋势和机会，同时也要发挥自己的思想和价值观，为企业的决策提供有力的支持。

案例 7-1

一名市场调研员的市场调查报告

在某公司中，一名市场调查人员在进行市场调查时发现了一个非常有趣的现象：某一特定年龄段的顾客对公司的产品非常感兴趣，但是公司的广告宣传并没有针对这一年龄段的人群。经过进一步的调查和分析，他发现这一年龄段的人群是公司的潜在客户，而且具有很高的购买力，如果公司能够调整宣传策略，将目光投向这一年龄段的消费者，将会对公司产生非常积极的影响。

但是，这位市场调查人员发现公司领导并没有太重视这个发现，他们仍然采用以往的宣传方式，并没有特别关注这一年龄段的消费者。市场调查人员十分困惑，他认为这是一个非常重要的机会，为什么领导不去抓住这个机会呢？于是，他决定写一份市场调查报告，详细分析这个年龄段的消费者特点，给出具体的数据和分析，提出改进的宣传策略，并强调这一机会的重要性。

他的市场调查报告引起了领导的重视，公司决定采纳他的建议，并推出了针对这一年龄段的新宣传策略。经过一段时间的推广，这一年龄段的消费者开始对公司的产品感兴趣，销售额逐渐上升，公司在市场中的地位也得到了提升。

三、市场调查报告撰写要求

（一）以调查资料为依据，做到调查资料与观点相统一

市场调查报告的独特风格就是以调查资料为依据，而调查资料中数据资料显得尤为重要。数据资料具有很强的概括力和表现力，用数据证明事实的真相往往比长篇大论更能使人信服。在市场调查中，常常会碰到有的问题、观点，用很多叙述都难以表达清楚，而用一个数字、一个百分比，往往能够使事物的全貌一目了然。但运用数据要适当，过少不能

说明问题，使调查报告空洞无物、失去特色；过多地堆砌数字又太烦琐，反而使人眼花缭乱、不得要领。所以，恰当地运用调查数据，可以增加调查报告的科学性、准确性和说服力。

一篇好的市场调查报告，必须有数字、有情况、有分析，既用资料说明观点，又用观点统率资料，二者应紧密结合、相互统一。通过定性分析与定量分析的有效结合，达到透过现象看本质的目的，从而明确市场活动的发展、变化过程及其规律性。

（二）表达意思要准确

准确性是市场调查报告的生命。准确性包括数字要准确、情况要真实、观点要恰当三个方面，只有掌握了准确的资料，才能做出正确的判断和结论。

案例 7-2

一家化妆品公司的市场调查报告

在中国，一家化妆品公司打算开拓更多的市场，于是决定进行市场调查。他们组织了一个小组，前往多个城市的商场和化妆品专柜进行现场观察和访谈，并在社交媒体平台上发布了问卷调查。

在调查过程中，该公司发现了一些有趣的结果。首先，他们发现消费者对于产品的包装设计非常重视，特别是在礼品购买时。其次，他们发现了一些有意思的购买习惯，例如消费者在购买眼霜时更倾向于选择品牌知名度高、价格较高的产品，而在购买洗面奶时更看重价格和效果的平衡。此外，他们还发现了一些有关消费者的兴趣爱好和购买渠道的信息，例如很多年轻人喜欢通过社交媒体购买化妆品。

在整理和分析这些数据后，该公司制作了一份详细的市场调查报告，并向公司高层汇报了调查结果。基于这些结果，该公司制定了一系列营销策略，包括优化产品包装设计、推出更具吸引力的礼品套装、调整产品定价策略、增加在线销售渠道等。这些营销策略得到了消费者的积极反响，该公司的市场份额不断提升，业务规模也不断扩大。

通过市场调查，企业能够了解消费者的需求和偏好，优化产品设计和价格策略，增加销售渠道等，从而提高消费者满意度，提升市场份额和扩大业务规模。

任务实施

小张接到了新客户的委托，要求对客户公司新系列的球鞋在市场上的销售情况和未来发展趋势进行调查，并根据调查结果撰写一份市场调查报告。

实施要点：

（1）明确调查的对象、范围和方法。

（2）确保数据的真实性和可靠性。

（3）采用多种调研方法，如问卷调查、电话访谈、现场调查等，以获取全面、准确的数据。

（4）对数据进行分类、整理、分析，得出结论和建议。

（5）采用简洁明了的语言，将调查结果和分析过程清晰地表达。

(6)对报告进行仔细审校，确保准确无误。

任务评价

评价标准：该任务主要考核学生对市场调查报告基本知识的掌握；对调查报告整体撰写要求的把握；学生的团队配合意识和沟通能力等。总分值100分，具体分配见表7-1所列。

表7-1 市场调查报告任务评价表(一)

序 号	评价项目	评价分值	得 分
1	调查目的和方法的明确性，调查范围和对象的合理性	20分	
2	调研方法选择的合理性	20分	
3	调查数据、资料运用的合理性和完整性	20分	
4	调查报告的客观性、真实性	20分	
5	学生团队合作、沟通协调能力的培养	20分	

任务检测

1.什么是市场调查报告？

2.撰写市场调查报告的目的是什么？

3.“市场调查报告要用事实说话，用数据决策。”这反映了市场调查报告的什么特点？

码上刷题

任务二　市场调查报告的格式与内容

任务描述

市场调查报告是对市场调查成果的集中体现，其撰写的好坏将直接影响整个市场调查工作的成果和质量。一份好的市场调查报告，能给企业的市场营销活动提供有效的导向作用，能为企业的决策提供客观依据。

理论准备

一、市场调查报告的格式

市场调查报告的格式没有统一的规定，可以根据阅读对象的需求进行调整。一般来说，其可以由标题、目录、摘要、正文、结论和建议、

市场调查报告的格式与内容

附件等几部分组成。

（一）标题

标题包括市场调查题目、报告日期、委托方、调查方，一般应打印在扉页上。

关于题目，一般是通过标题把被调查单位、调查内容明确而具体地表示出来，如“关于北京市居民收支、消费及储蓄情况调查”。有的调查报告还采用正、副标题形式，一般正标题表明调查的主题，副标题则具体表明调查的单位和问题，如“‘上帝’眼中的《北京青年报》——《北京青年报》读者调查总体研究报告”。

案例 7-3

具有语言艺术的标题

（一）对偶（结构相同、字数相等）

“牢牢盯住市场　事事立足竞争——关于北京卷烟厂经营管理经验调查报告”

“对接市场　连锁经营——上海蔬菜公司连锁经营调查报告”

（二）对照（对立事物）

“以产业带动生产，小作物做出大文章——江西苎麻生产调查报告”

“真情无价，服务有价——2015 计算机产品售后服务满意度调查”

（三）排比

“创立大思路，运用大手笔，抢占大市场——上海医药工业销售公司拓展市场调查报告”

（四）双关

“中国餐饮界的‘引头羊’——来自小肥羊餐饮连锁公司的调查报告”

（五）改写

“问渠那得清如许——来自河北保定市污水处理总厂的调查报告”

（六）符号

“300 天摘掉 12 年亏损帽子——关于鞍矿公司铁矿扭亏的调查报告”

（二）目录

提交调查报告时，如果调查报告的内容、页数较多，为了方便读者阅读，应当使用目录或索引形式列出报告所分的主要章节和附录，并注明标题、有关章节号码及页码。一般来说，目录的篇幅不宜超过一页。

案例 7-4

目 录

1.调查与组织实施 …… 1
2.调查对象构成情况简介 …… 8
3.调查的主要统计结果简介 …… 14
4.综合分析 …… 20
5.数据资料汇总表 …… 28
6.附录 …… 29

例如，某商校学生纸质书阅读情况调查分析报告目录如图 7-2 所示。

目 录

摘要 …… 1
一、调查概况 …… 2
（一）调查背景和目录 …… 2
（二）调查内容 …… 2
（三）调查方法 …… 2
（四）调查对象 …… 2
（五）调查时间和地区 …… 3
（六）访问完成情况 …… 3
（七）样本结构 …… 3
（八）资料采集 …… 3
（九）访问员介绍 …… 3
（十）资料处理方法及工具 …… 3
二、调查结果统计分析 …… 3
三、结论和建议 …… 23
（一）调查结论 …… 23
（二）调研建议 …… 24
四、局限性 …… 25
（一）调研时间受限 …… 25
（二）缺乏实战经验 …… 25
（三）部分调研知识欠缺 …… 25
（四）样本数据不精准 …… 25
（五）被调查人员主观意识受限 …… 25
附件一 …… 26
附件二 …… 31

图 7-2　某商校学生纸质书阅读情况调查分析报告目录

（三）摘要

摘要主要阐述报告的基本情况，它是按照市场调查课题的顺序将问题展开，并阐述对调查的原始资料进行选择、评价、作出结论、提出建议的原则等。其主要包括三个方面内容。

（1）简要说明调查目的，即简要地说明调查的由来和委托调查的原因。

（2）介绍调查对象和调查内容，包括调查时间、地点、对象、范围、调查要点及所要解答的问题。

（3）简要介绍调查研究的方法。

案例 7－5

某高职院校市场调查报告的摘要

某高职院校对大学生手机市场进行调研后，撰写了市场调查报告。其摘要部分如下：

年轻人都向往时尚，当今校园，手机已经出现在生活的方方面面。随着智能手机的推出，其游戏、上网、照相等功能越来越强大。它不但由通信工具逐渐变成了精神寄托、娱乐工具，也带来了另一种时尚之风。然而手机归属于移动通信设备，行业竞争日益激烈，国际品牌、国产品牌等各式各样的手机涌入这个市场，这也让消费者关于手机的购买行为具有多样性。

本调查报告旨在通过对大学生手机消费情况的调查，探讨影响当代大学生购买决策的因素。为此，我们主要采用问卷调查法对××学院进行了调查，通过调查分析得出结论：影响大学生购买决策的因素主要分为两个方面。第一，外显因素，即手机本身特点（外观、质量、价格）；第二，潜在因素，即品牌（公司形象、知名度、广告）、销售方式（服务态度、销售模式、购买的物理环境）、流行时尚。

（四）正文

正文是市场调查分析报告的主要部分。正文部分必须准确阐明全部有关论据，包括问题的提出到引出的结论、论证的全部过程、分析研究问题的方法；还应当有可供市场活动的决策者进行独立思考的全部调查结果和必要的市场信息，以及对这些情况和内容的分析、评论。

案例 7－6

某校市场调查报告的正文

（一）背景

2022 年 12 月，我们对我校大一年级 300 名学生心理状况进行了调查。调查结果表明，不少学生存在这样或那样的心理方面的障碍，大致可分为以下几类：

（1）依赖性人格障碍（不能独立解决学习、生活、思想问题）。

（2）急性应激障碍（遭受严重精神打击，如高考不理想而无法接受）。

（3）适应障碍（集体生活、学习方式较高中有重大改变）。

（4）人际关系处理障碍（包括异性关系、恋爱问题）。

（5）理想与现实的落差感。

（二）局限性

“关于某大学移动通信市场话费套餐及满意度的调查报告”的局限部分如下：

本次调查以本校在校大学生为调查对象，所以本次调查使用的样本选择可能具有一定的偏差；收集得到的数据只是本校大学生的通信情况，所以得出的结论不具有普遍适应性。此外，本次调查在数据的录入及分析过程中可能会出现统计者的纰漏以及对问题的分析、理解和界定有所不同，使得分析的结果会受到一定的主观影响。

（五）结论和建议

结论和建议是撰写综合分析报告的主要目的。这部分包括对引言和正文部分所提出的主要内容的总结，提出如何利用正文部分所提出的主要内容的总结，提出如何利用已证明为有效的措施和解决某一具体问题可供选择的方案与建议。结论和建议与正文部分的论述要紧密对应，不可以提出无论据的结论或没有结论性意见的论证。

案例 7－7

关于牙膏的市场调查结论

通过调查我们了解到，消费者在购买牙膏时注重以下几个因素：品牌（如佳洁士、黑人、高露洁、云南白药等）、功效和知名度。但在选择时最在乎的还是牙膏的功效（美白、清新口气、清火消炎、防蛀、抗过敏）、牙膏的价格和质量，以及广告和现场促销。对牙膏的价格要求一般在8~16元，外包装颜色偏向蓝色和绿色。

通过分析和实际调研结果显示，目前牙膏市场主要呈现以下几个方面的特征：

（1）电视广告成为品牌传播的主要途径。

（2）品牌知名度越高，第一选择度越高。

（3）品牌知名度越高，价格越占优势。

（4）产品分类更细化，在销售过程中对产品功效的注重程度趋于上升。

（5）网络销售成为一个新趋势。

欧阳修《卖油翁》的故事，讲述了康肃公陈尧咨擅长射箭，在当时没有第二个人可与之媲美，他也凭借这个射箭的本领而自夸。曾经有一次，陈尧咨在自己院里射箭，有个卖油老翁放下担子站着，斜着眼看他射箭，很久不离开。看见他射出十支箭能射中八九支，只是对此微微点头。康肃公问道：“你也懂得射箭吗？我的射箭技艺难道不精湛吗？”老翁说：“没有别的奥妙，只是手法技艺熟练罢了。”陈尧咨气愤地说：“你怎么敢轻视我射箭的本领！”老翁说：“凭我倒油的经验就能懂得射箭是凭手熟的道理。”于是老翁拿出一个葫芦放在地上，用一枚铜钱盖在葫芦口上，然后用勺舀起油慢慢地滴入葫芦，油从铜钱的方孔中注入，而铜钱没有被沾湿。于是老翁说：“我也没有别的奥秘，只不过是手法技艺熟练罢了。”陈尧咨笑着让他走了。

这个故事虽然没有直接涉及市场调查，但是其中表达的思想和价值观，对于我们撰写市场调查报告有着重要的启示意义。那就是只有通过实践才能出真知，通过反复练习才能够熟能生巧，做出准确有效的市场调查报告。

（六）附件

附件是指调查报告正文包含不了或没有提及，但与正文有关且必须附加说明的部分。它是对正文报告的补充或更详尽说明。

二、市场调查报告的内容与撰写步骤

（一）市场调查报告的内容

在撰写市场调查报告时，需要关注以下内容。

（1）说明调查目的及所要解决的问题。

（2）介绍市场背景资料。

（3）说明分析的方法。

（4）说明调研数据。

（5）提出论点，即提出自己的观点和看法。

（6）论证所提观点的基本理由。

（7）提出解决问题可供选择的建议、方案和步骤。

（8）预测可能遇到的风险、对策。

案例 7－8

小张的一次市场调查工作

小张是一名市场调研公司的员工，他的工作是帮助客户进行市场调查，并根据调查结果撰写报告，为客户提供决策支持。有一次，他接到了一位客户的委托，要求帮助其调查某种特殊药品在市场上的销售情况和未来发展趋势。

在开始调查之前，小张意识到这种药品的使用具有一定的风险和不确定性，如果调查结果不准确或者报告不够全面，将会对客户的决策产生很大的影响。因此，他认真分析了调查的目的和客户的需求，并决定采用多种调研方法，包括网络问卷、电话访谈、现场调查等，以获取尽可能全面的数据。

在进行调查的过程中，小张发现，由于该药品的特殊性质，调查结果受到很多干扰因素的影响，比如患者隐私保护、数据真实性等问题。他深知这些问题的重要性，也意识到了自己作为一名调研员的责任和使命。因此，他采取了一系列措施，比如保证数据的保密性和真实性；加强问卷的设计和访谈的分析，确保报告的准确性和可靠性。

最终，小张顺利完成了这次市场调查，并撰写了一份详尽的报告，其中包括了数据的分析、市场的趋势、客户的竞争优势等内容，为客户提供了有力的决策支持。客户对他的工作非常满意，认为他在调查和报告撰写过程中表现出了专业和负责的态度。

这个小故事告诉我们，作为一名市场调研员，不仅需要具备丰富的调研经验和技能，还要有责任和使命感，认真对待每一次调研，保证数据的真实性和可靠性，为客户提供更加专业和全面的服务。

（二）市场调查报告的撰写步骤

调查人员撰写市场调查报告时，应当以客户需求为导向，做到实事求是、突出重点、精心安排，其步骤包括构思、选取数据资料、拟定提纲、撰写成文、修改定稿五个方面。

1.构思

构思是根据思维运动的基本规律，从感性认识上升到理性认识的过程。通过收集到的资料，即调查中获得的实际数据资料及各方面背景材料，初步认识客观事物。在进行报告构思时，须首先确立主题思想，进而确立观点，即列出市场调查报告要体现的论点、论据。

值得注意的是，在基本确定市场调查报告的主题后，要对收集到的大量资料进行分析研究，逐渐消化、吸收，形成概念，再通过判断、推理，把感性认识提高到理性认识。然后列出论点、论据，得出结论。

在作出结论时，应注意以下几个问题。

（1）一切有关实际情况及调查资料是否考虑仔细。

（2）是否有相反结论足以说明调查事实。

（3）立场是否公正客观、前后一致。

在完成上述几个步骤后，构思框架基本形成。在此基础上，考虑报告正文的大致结构与内容，安排正文层次段落。层次一般分为三层，即基本情况介绍、综合分析、结论与建议。

2.选取数据资料

市场调查报告的撰写必须根据数据资料进行分析，即介绍情况要有数据作依据，反映问题要用数据做定量分析，提建议与措施同样要用数据来论证其可行性与效益。

选取数据资料后，还要运用得法。运用数据资料的过程就是一个用资料说明观点、揭示主题的过程。在撰写时，要努力做到用资料说明观点，用观点论证主题，详略得当、主次分明，使观点与数据资料协调统一，以便更好地突出主题。

3.拟定提纲

提纲是市场调查报告的框架，具有纲要性、条理性和层次性。调查报告的提纲有以下两种形式。

（1）观点式提纲，即调查人员将自己的观点按逻辑关系进行罗列。

（2）条目式提纲，即按照章、节、目的层次对报告内容进行罗列。

在实际拟定过程中，也可以将这两种形式的提纲结合起来使用，一般先列出报告的章、节、目，再列出各章节所包含的主要观点。

4.撰写成文

根据撰写提纲的要求，由单独一人或数人分工负责撰写，各部分的协作格式、文字数量、图表和数据要协调，统一控制。在行文时要注意以下几点。

（1）结构合理。一份完整的市场调查报告应该包括扉页、目录、摘要、正文、结论和建议、附件等部分。

（2）表述准确、通俗易懂。使用调查数据、专业名词术语时要注意核实和查证，保证准确。

（3）灵活使用图表。对于繁杂的数据尽量运用统计表、统计图等加以说明。

5.修改定稿

经过上述步骤写出的初稿，征得各方意见进行修改后，就可以定稿。定稿阶段，一定要坚持对事客观、服从真理，使最终报告完善、准确地反映市场活动的客观规律。

任务实施

小张的师傅最近接到一个新委托，拉着小张一起讨论。这个委托所在的公司正在考虑在某个新兴市场推出一款新的智能家居产品，因此需要进行市场调查，以了解该市场的消费习惯、竞争情况和潜在机会等。

实施要点：

（1）需要和师傅的团队合作，制订调查计划并开展实地调查，获得相关数据。

（2）需要独立完成报告撰写工作，确保报告格式和内容的准确、规范、完整。

（3）需要在分析市场调查数据的基础上，提出明确的建议和实施计划，并给出预期效果和实施风险评估。

（4）需要从市场、技术、成本等角度对产品的竞争力进行评估，并提出改进建议。

（5）需要考虑本地文化和法律法规等因素对产品推广的影响，提出相应的解决方案。

（6）需要在规定的时间内提交一份符合要求的市场调查报告。

任务评价

评价标准：该任务主要考核学生的市场调查、数据分析、报告撰写和团队协作等能力，同时还需要对目标市场的文化、法律法规等因素有一定了解。通过完成该任务，能够提升自己的市场调查和报告撰写能力，并对实际业务操作有更加深入的了解。同时，还能够锻炼团队协作、沟通、领导和执行等能力。总分值 100 分，具体分配见表 7-2 所列。

表 7-2 市场调查报告任务评价表（二）

序　号	评价项目	评价分值	得　分
1	市场调查内容与数据分析的完整性	25 分	
2	市场调查报告撰写的格式规范性	25 分	
3	市场调查报告撰写的语言通顺、流畅	15 分	
4	目标市场的文化、法律法规等因素的掌握程度	20 分	
5	团队协作、沟通和执行等能力	15 分	

任务检测

1. 一份完整的市场调查报告应包括哪些组成部分？
2. 在撰写市场调查报告时，需要关注什么内容？
3. 简述撰写市场调查报告的基本步骤。

码上刷题

任务三　市场调查报告的撰写形式与技巧

任务描述

撰写市场调查报告，必须以大量的事实材料作为基础，这些事实资料错综复杂、丰富充实，但写进市场调查报告中的内容绝不是这些事实材料的简单罗列和堆积，而必须运用科学的方法、规范的撰写形式和恰当的技巧进行分析、归纳和展示，才能体现市场调查报告的价值。

理论准备

一、市场调查报告的撰写形式

（一）标题的形式

标题起到画龙点睛的作用，它必须准确揭示调查报告的主题思想，做到题文相符、简单明了、高度概括，同时具有较强的吸引力。

标题的形式有以下三种。

（1）“直叙式”标题。“直叙式”标题是反映调查意向或只透出调查地点、调查项目的标题，如“××市居民住宅消费需求调查”等。

（2）“表明观点式”标题。“表明观点式”标题是直接阐明作者的观点、看法，或对事物的判断、评价的标题，如“对当前巨额结余购买力不可忽视”等。

（3）“提出问题式”标题。“提出问题式”标题是以设问、反问等形式，突出问题的焦点和尖锐性，吸引读者阅读，促使读者思考，如“××牌产品为什么滞销”等形式的标题。

以上几种标题的形式各有所长，特别是第二、第三种形式的标题，它们既表明了作者的态度，又揭示了主题，具有很强的吸引力。但从标题上不易看出调查的范围和调查对象。因此，这种形式的标题又可分为正标题和副标题，并分作两行表示。

案例 7-9

市场调查报告标题：正标题与副标题

××牌产品为什么滞销
——对××牌产品的销售情况的调查分析

女人生来爱逛街
——京城女士购物消费抽样调查报告

（二）开头部分的形式

“万事开头难”，好的开头既可使分析报告顺利展开，又能吸引读者。开头的形式一般有以下几种。

1. 开门见山，揭示主题

文章开始先交代调查的目的或动机，揭示主题。例如，“我公司受北京××电视机厂的委托，对消费者进行一项有关电视机的市场调查，预测未来几年大众对电视机的需求量及需求的种类，使××电视机厂能根据市场需求即时调整其产量及种类，确定今后发展方向。”

2. 结论先行，逐步论证

结论先行，逐步论证的开头形式是先将调查结论写出来，然后再逐步论证。例如，“××牌收银机是一种高档收款机，通过对××牌收银机在京各商业部门的拥有、使用情况的调查，我们认为它在北京不具有市场竞争能力，原因主要从以下几个方面阐述……”

3. 交代情况，逐层分析

交代情况，逐层分析的开头形式即先介绍背景情况、调查数据，然后逐层分析，得出结论。也可先交代调查时间、地点、范围等情况，然后进行分析。

例如，“关于香皂的购买习惯与使用情况的调查报告”的开头：“本次关于对香皂的购买习惯和使用情况的调查，调查对象主要集中于中青年，其中青年（20~35 岁）占 55%，中年（36~50岁）占25%，老年（51岁以上）占20%；女性为70%，男性为30%……”

4.提出问题，引入正题

例如“关于方便面市场调查的分析报告”中的开头部分：“从去年下半年开始，随着中国台湾地区康师傅方便面的上市，各种合资的、国产的方便面如统一、营多、一品、加州等品牌好似雨后春笋般涌现，如何在种类繁多的竞争中立于不败之地？带着这些问题，我们对北京市部分消费者和销售单位进行了有关调查。”

（三）论述部分的形式

论述部分是调查报告的核心部分，它决定着整个调查报告质量的高低和作用的大小。这一部分着重通过分析调查了解到的事实说明被调查对象的发生、发展和变化过程，调查的结果及存在的问题，提出具体的意见和建议。

由于论述部分一般涉及内容较多、文字较长，有时也可以用概括性或提示性的小标题，突出文章的中心思想。论述部分的结构安排是否恰当，直接影响着分析报告的质量。论述部分主要分为基本情况部分和分析部分两部分内容。

1.基本情况部分

基本情况部分的论述主要有三种方法：①先对调查数据资料及背景资料做客观的说明，然后在分析部分阐述对情况的看法、观点或分析；②首先提出问题，提出问题的目的是要分析问题，找出解决问题的办法；③先肯定事物的一面，由肯定的一面引申出分析部分，又由分析部分引出结论，循序渐进。

2.分析部分

分析部分是调查报告的主要组成部分。在这个阶段，要对资料进行质和量的分析，通过分析了解情况，说明问题和解决问题。分析有三类情况：①原因分析，即对出现问题的基本成因进行分析，如对××牌产品滞销原因分析，就属于这类；②利弊分析，即是对事物在市场活动中所处的地位、起到的作用进行利弊分析等；③预测分析，即是对事物的发展趋势和发展规律做出的分析，如对××市居民住宅需求意向的调查，通过居民家庭人口情况、住房现有状况、收入情况及居民对储蓄的认识、对分期付款购房的想法等，对××市居民住房需求意向进行预测。

此外，论述部分的层次段落一般有以下四种形式。

（1）层层深入形式：各层意思之间一层比一层深入，层层剖析。

（2）先后顺序形式：按事物发展的先后顺序安排层次，各层意思之间有密切联系。

（3）综合展开形式：先说明总的情况，然后分段展开，或先分段展开，然后综合说明，展开部分之和为综合部分。

（4）并列形式：各层意思之间是并列关系。

总之，论述部分的层次是调查报告的骨架，它在调查报告中起着重要作用。撰写市场调查报告时应注意论述结合主题的需要、采取什么写法，应该充分表现主题。

（四）结尾部分的形式

结尾部分是调查报告的结束语，好的结尾可使读者明确题旨、加深认识，启发读者思考和联想。结尾一般有以下四种形式。

1. 概括全文

概括全文是指经过层层剖析后，综合说明调查报告的主要观点，深入文章的主题。

2. 形成结论

形成结论是指在对真实资料进行深入细致的科学分析的基础上，得出报告结论。

3. 基础看法和建议

基础看法和建议是指通过分析，形成对事物的看法，在此基础上，提出建议和可行性方案。提出的建议必须能确实掌握企业状况及市场变化，使建议有付诸实行的可能性。

4. 展望未来，说明意义

展望未来，说明意义是指通过调查分析展望未来前景。

二、市场调查报告的撰写技巧

事实上，除了明确撰写市场调查报告的程序、形式外，还需要掌握相应的撰写技巧，主要体现在语言技巧、表达技巧等方面，才能写出一份好的市场调查报告。

市场调查报告的撰写技巧

（一）语言技巧

调查报告是用书面形式表达的语言，因此提高语言表达能力，是写好调查报告的重要条件之一。有了丰富的资料、深刻的感受，但写作却不能得心应手、词不达意，则会使整个调查研究工作功亏一篑、前功尽弃。报告的语言要逻辑严谨、数据准确、文风质朴、简洁生动、通俗易懂、用词恰当，并且要善于使用表格、图示表达意图，避免文字上的累赘。

案例 7－10

撰写市场调查报告的技巧

在某所大学中，一名学生正在撰写市场调查报告，但他发现自己遇到了很多困难，无法准确表达自己的研究结果和结论，导致报告的质量受到了影响。于是，他向导师请教如何提高市场调查报告的撰写水平。

导师给他提出了一些撰写形式与技巧，让他注意以下几点：

（1）语言简洁明了。市场调查报告应该采用简练明了的语言，用最简洁的语言表达最精准的思想，不要使用过于复杂的词汇和句子，避免误导读者。

（2）重点突出。市场调查报告应该突出重点，将最重要的信息和结论放在前面，引导读者关注关键问题，而不是琐碎的细节。

（3）数据可靠。市场调查报告中的数据应该来源可靠，数据分析应该准确无误，不应出现数据失真或分析错误的情况。

（4）具备市场洞察力。市场调查报告应该具有市场洞察力，对市场情况进行深入分析，发现市场的需求和潜在机会，为企业的决策提供有力的支持。

（5）结论明确。市场调查报告应该提供明确的结论，而不是泛泛而谈或没有实际意义的结论，同时要给出具体的建议和方案。

学生按照导师的建议，重新修改了市场调查报告，将重点放在了市场洞察力和数据分析上，突出了结论和建议，用简洁明了的语言表达研究结果，最终得到了导师的高度评价和肯定。

这个案例告诉我们，市场调查报告的撰写形式和技巧非常重要，只有正确把握这些要点，才能写出优质的市场调查报告，为企业的决策提供有效的支持。

（二）表达技巧

市场调查报告以叙述、说明、议论为主要表达方式。其中，叙述是最主要的表达方式。调查的经过、调查对象的基本情况和事实材料，都要用叙述，辅以说明等表达方式；对实际情况和事实材料进行剖析、归纳，对经验进行总结，则使用议论。所以，撰写调查报告就是要做到叙议结合、夹叙夹议。当然，为了增强调查报告的可读性，可以在报告中根据需要穿插一些描写和任务的对话，以求生动、活泼，增加吸引力。

1.叙述的技巧

叙述主要用于市场调查报告的开头部分，叙述事情的来龙去脉，表明调查的目的和根据、过程和结果。此外，在报告的主体部分还要叙述调查是如何进行的。通常市场调查报告以概括叙述调查过程和情况，不需要对时间的细枝末节详加解释。对调查目的、对象、调查经过进行叙述时，往往按照时间顺序进行描述。

2.说明的技巧

（1）数字说明。反映市场发展变化情况的市场调查报告，要运用大量数据以增强报告的精确性和可信度。有时候，一些问题、观点用很多议论也难以表述清楚，而用一个数字、一个百分比就可以使人们对事物的面貌和问题实质一目了然，这样的数字就具有很强的概括力和表现力。但报告中的数字不能简单地罗列，要技术性地将数字运用得恰到好处。

（2）分类说明。根据主旨表达的需要，可将材料按一定标准分为不同类别，分别说明。

（3）对比说明。调查报告往往可用对比形式，全面深入反映市场情况的变化情况。如好的典型和差的典型对比、正面材料同反面材料对比、历史材料同现实材料对比、“点”上的材料与“面”上的材料对比等。

对比中最常用的方法是横向对比和纵向对比。横向对比可以反映事物之间的差异，纵向对比可以展现事物的发展规律。

（4）举例说明。为说明市场发展变化情况，举出具体、典型事例也是常用的技巧。在事例选用时，应注意选取有代表性的例子。

3.议论的技巧

市场调查报告常用的议论技巧有归纳论证和局部论证。

（1）归纳论证。市场调查报告是在收集大量材料之后做分析研究，得出结论，从而形成论证的过程。这一过程中运用议论方式，所得出的结论是从具体事实中归纳出来的。

（2）局部论证。和论文不同，调查报告不可能形成全篇论证，只是在情况分析、对未来预测中做局部论证。如对市场情况从几个方面做分析，每个方面形成一个论证过程，用数据、情况等作论证去证明其结论，形成局部论证。

三、撰写市场调查报告应注意的问题

（一）切忌将分析工作简单化

分析工作简单化即资料数据罗列堆砌，只停留在表面文章上，根据资料就事论事，简单介绍式的分析多，深入细致的分析及观点少，无结论和建议，整个调查报告的系统性较差，使得分析报告的价值不大。只有重点突出，才能使人看后留下深刻印象。

（二）切忌面面俱到、事事俱细地进行分析

把收集的各种资料无论是否反映主题，全都面面俱到、事事俱细地进行分析，这样会使读者感到杂乱无章，读后不知所云。一篇调查报告自有它的重点和中心，在对情况有了全面了解之后，再经过全面系统的构思，报告内容应有详有略、抓住主题、深入分析。

（三）报告长短根据内容确定

调查报告的长短，要根据调查目的和调查报告的内容而定，对调查报告的篇幅，做到宜长则长、宜短则短，尽量做到长中求短，力求写得短小精悍。

市场调查报告的口头汇报技巧

案例 7－11

市场调查报告（口头报告）

绝大多数市场调查项目在准备和递交书面报告之前或之后都要做口头报告。它可以简化为使用者在组织的地点与经理人员进行一次简短会议，也可以正式向董事会做一次报告。不管如何安排，有效的口头陈述均应以听众为中心，充分了解听众的身份、兴趣爱好、教育背景和时间等，精心安排口头陈述的内容，将其写成书面形式。也可以使用各种综合说明情况的图表协助表达，还可以借助投影仪、幻灯片或大型图片等

辅助器材，尽可能“直观地”向全体目标听众进行传达，以求取得良好的效果。

如有可能，企业应从市场调查人员中抽取数人同时进行传达，各人可根据不同重点轮流发言，避免重复与单调。而且，应该留适当时间，让听众有机会提出问题并解答问题。

口头报告能否成功，取决于很多因素。具体归纳为以下几个方面。

（1）事前分析和了解听众的状况。了解听众的需要及其重点关心的问题，以及他们对调查问题的了解和参与决策的程度，为选定口头报告的方式和重点内容作铺垫。

（2）精心设计口头报告的提纲。提纲包括报告的基本框架和内容，哪些该介绍，哪些不该介绍，要有充分的准备。同时，有了提纲可以防止在做口头报告时思路混乱、逻辑不清、丢掉重点问题等。

（3）反复练习。在做口头报告时经常会出现紧张的状况，为减少心理障碍，进行充分练习是有效途径。做口头报告演讲最紧张的时候常发生在报告开始时，因此练习时也要多加注意。

（4）借助图表。在做口头报告时，要善于运用图表来辅助演讲。口头报告如能运用设计精美的图表进行说明，效果好过千言万语。在调查报告中，涉及数字表述时常使用图表来加以说明。图表能使读者对数量之间的关系和比较有更好的理解，因为图表说明更加直观、明确，给人以深刻印象。

（5）充满自信。在口头报告的过程中，注意不要照本宣科、照着事先写好的稿子宣读，而应该使用口语化的、简明的词句表达调研成果；要交代清楚所要讲的几个问题，不时提醒听众当前进入第几个问题；对于重点内容，要放慢速度，甚至可以重复。

在报告时，还要做好答辩的准备。

（6）易听、易懂。由于听比讲更难集中注意力，故要求语言简洁明了、通俗易懂，有趣味性和说服力。

（7）把握回答问题的时机。在报告过程中最好不要回答问题，以免出现讲话思路被打断，使听众游离于报告主题之外或造成时间不够等现象。在报告开始前可告知听众，你会在报告后回答问题并进行个别交流，但注意事后不要忘记履行这一承诺。

（8）在规定的时间内结束报告。口头报告常有一定的时间限制，在有限的时间内做完报告是最基本的要求。同时，要有一个强有力的结尾。口头报告结束后，还要请听众仔细阅读书面报告。

任务实施

一天上午，某电商企业市场部经理来到公司。小张和师傅接待了这位经理。这位经理表示，该电商企业打算开拓新市场，针对目标市场进行了一次粗略的市场调查。调查结果显示，该市场存在一定的需求空白，但是竞争对手数量较多，市场份额较为分散。希望可以根据这些信息，进行一次专业、系统的市场调查，撰写一份市场调查报告，并提出具体的市场开拓策略。

实施要点：

（1）市场调查报告要能够准确描述目标市场的特点、需求和竞争格局，有充分的数据和分析支持。

（2）市场调查报告中提出的市场开拓策略要切实可行，要能够解决目标市场的需求空白和竞争对手的优劣势，同时也要考虑企业的实际情况和资源限制。

（3）市场调查报告要有足够的市场调查数据和分析，要考虑到潜在的风险和不确定因素。

（4）市场调查报告的总体评价要具有创新性、可操作性、可落地性、可持续性等方面的特点。

任务评价

评价标准：本实训任务主要考核学生的市场调查、数据分析、报告撰写和团队协作等能力；对目标市场的文化、法律法规等因素的了解程度；学生的市场调查和报告撰写能力；对实际业务操作的了解；学生的团队协作、沟通、领导和执行等能力。总分值 100 分，具体分配见表 7-3 所列。

表 7-3 市场调查报告任务评价表（三）

序 号	评价项目	评价分值	得 分
1	市场调查报告结构的完整性	15 分	
2	市场调查报告的逻辑清晰、严谨	25 分	
3	撰写市场调查报告的语言通顺、流畅	15 分	
4	报告体现创新性、可操作性的特点	30 分	
5	团队协作、沟通和执行等能力	15 分	

任务检测

1. 简述市场调查报告的标题包括几种形式，具体是什么。

2. 在撰写市场调查报告时，需要采用哪些技巧才能够让报告更“出彩”？

3. 在撰写市场调查报告时要注意哪些问题？

码上刷题

项目回顾

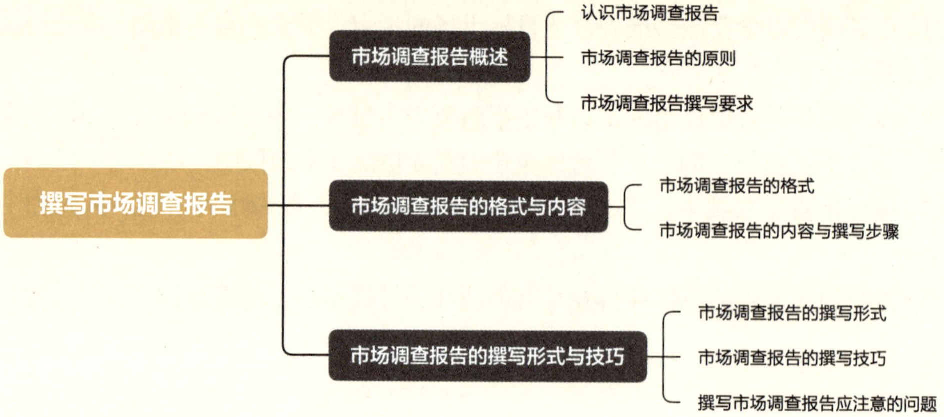

实战演练

实训目标	收集校企合作单位在现实工作中遇到的营销问题和市场调查需求。各实训小组选择一个校企合作单位提出的营销问题和市场调查需求，按照市场调查工作的完整程序，完成一次市场调查工作，最终向对应企业提交一份书面的市场调查报告，完成一次口头的PPT展示汇报。
实训要求	通过团队实训来考核学生对市场调查过程各环节的掌握情况。 评价标准： 1.小组成员团结协作完成专项训练，分工明确、态度认真。 2.市场调查过程完整、符合要求，全套资料（市场调查方案10分、市场调查问卷5分、市场调查资料整理和分析5分、市场调查报告10分）提交完整。 3.市场调查报告口头汇报展示条理清晰、内容完整，市场调查结果满足企业需求。
实训成果	1.小组市场调查计划条理清楚、分工合理、可执行。 2.小组成员收集的数据信息准确、分析有效，市场调查过程科学且符合要求，市场调查报告内容清晰完整。 3.小组成员间有良好的协调沟通和创新能力。 4.线上线下相辅相成，行之有效。

参考文献

[1] 刘一书，周丽娟，宋微. 市场调查与预测[M]. 北京：清华大学出版社，2018.

[2] 刘红霞. 市场调查与预测[M]. 5版. 北京：科学出版社，2021.

[3] 庄贵军. 市场调查与预测[M]. 3版. 北京：北京大学出版社，2020.

[4] 杜明汉，刘巧兰. 市场调查与预测：理论、实务、案例、实训[M]. 4版. 大连：东北财经大学出版社，2020.

[5] 元明顺. 市场调查与预测[M]. 3版. 北京：清华大学出版社，2020.

[6] 徐映梅. 市场调查理论与方法[M]. 北京：高等教育出版社，2018.

[7] 吕燕. 市场调查与预测：理论、技术与实务[M]. 北京：机械工业出版社，2023.

[8] 王军. 市场调查教程[M]. 成都：电子科技大学出版社，2021.

[9] 侯佳，蔡志君，赵祁. 市场调查与预测[M]. 长春：吉林大学出版社，2022.

[10] 辛磊，王倩，孙膑. 市场调查与预测[M]. 上海：上海交通大学出版社，2021.